나는 왜 항상 바쁠까?

일과 삶의 주도권을 되찾는 똑똑한 시간관리 기술

THE CRAZY BUSY CURE

First published by Nicholas Brealey Publishing in 2021
An imprint of John Murray Press
A division of Hodder & Stoughton Ltd,
An Hachette UK company

Korean translation copyright ©2024 by KYOBO BOOK CENTRE CO., LTD
Korean translation rights arranged with NB LIMITED
through EYA Co.,Ltd

The Crazy Busy Cure

나는 왜
항상 바쁠까?

일과 삶의 주도권을 되찾는 똑똑한 시간관리 기술

제나 에버렛 | 정영은 옮김

교보문고

이 책에 대한 찬사

바쁨과 생산성을 혼동하지 말라. 제나 에버렛은 해야 할 일과 하지 말아야 할 일을 명확히 구분하고 일정표에 빼곡히 적힌 업무 중 집중 근무를 방해하는 요인을 짚어준다. 반드시 읽어야 할 중요한 책이다.

—마셜 골드스미스Marshall Goldsmith, 〈뉴욕타임스〉 베스트셀러 1위 작가,

싱커스50 '세계에서 가장 영향력 있는 리더십 사상가' 1위로 두 번 선정

바쁘게만 지내느라 생산성은 뒷전이 된 채 시간을 낭비 중이지는 않은가? 한두 시간만 투자해서 이 책을 읽어라. 생산성과 집중력을 얻게 될 것이다.

—피터 브레그먼Peter Bregman, 《18분》, 《팀장 감정 수업》의 베스트셀러 작가

업무에 깊게 빠져드는 몰입은 인생을 의미 있게 변화시킨다. 하지만 우리는 예상치 못한 업무 요청, 시도 때도 없이 울려대는 전화, 끊임없이 들어오는 이메일, 때로는 미루는 습관 때문에 몰입을 방해받는다. 이 책은 기존의 업무 방식에서 벗어나 무수한 방해 요소를 극복하고 진정한 변화를 가져오는 일에만 집중하자는 강력한 메시지와 소중한 아이디어를 담았다.

—캐롤라인 고이더Caroline Goyder, 《그라비타스Gravitas》, 《당신의 목소리를 찾아라Find Your Voice》의 저자

제나 에버렛은 내가 함께 일해본 사람 중 가장 유능하다. 탁월한 식견과 통찰력 그리고 실용주의를 겸비한 그녀는 생산성을 말하기에 완벽한 저자다. 일과 삶에 대한 통제력을 되찾고 싶은 사람들에게 이 책을 권한다.

—클레어 길버트 로랑Clare Gilbert Laurent, 슈링크 테크놀로지스 공동 창립 이사, 인생학교 컨설턴트 겸 교사

이 책은 방해받지 않는 근무 환경을 확보하고 시간에 대한 통제권을 되찾아 최고의 컨디션으로 일하고 싶은 바쁜 직장인들의 필독서다.

—에마 크롤리Emma Crowley, 법무법인 매캔 피츠제럴드 법률 전문가 교육 총괄

비즈니스는 너무나도 오랫동안 '바쁨'에 파묻혀 있었다. 인간은 주당 30시간이 넘는 노동을 강요당하는 순간 생산성이 급격히 저하된다. 영국은 유럽에서 가장 긴 노동시간을 자랑하지만 생산성은 꼴찌에서 두 번째 수준에 머문다. 이런 바쁨은 비합리적일뿐더러 비윤리적이다. 직장인들이 심각한 수준의 스트레스와 불안감, 수동적 공격성으로 고통받고 있다는 사실은 수많은 연구에서도 입증되었다. 이 책이 더 나은 업무 환경을 구축할 새로운 기회가 되어주길 기대한다.

—로저 스티어Roger Steare, 기업철학자

제나 에버렛의 주장은 목적의식이 뚜렷하고 실용적이면서도 도발적이다. 지금의 바쁜 상태를 벗어나 생산성과 성공, 행복을 한 번에 잡고자 하는 이들에게 완벽한 책이다.

—브렌던 반스Brendan Barns, 런던비즈니스포럼 설립자

제나 에버렛이 제시한 단계를 차근차근 따르는 조직은 동기부여, 행복, 혁신, 성과 등 생산성을 높이는 주요 영역에서 큰 변화를 체감하게 될 것이다.

—비키 오즈번Vikki Osborne, 호주 기업 브램블스 글로벌 문화·변화관리 및 미래역량 총괄

규모 있는 조직을 이끌고 구성원들이 고객에게 최상의 가치를 제공하도록 하려면 늘 최적의 상태에서 핵심 업무에 집중할 수 있어야 한다. 이 책은 끊임없이 생겨나는 방해 요소를 차단해 생각과 혁신을 가능하게 만들어줄 실용적인 조언으로 가득하다. 새로운 가능성을 여는 첫걸음이 되어줄 것이다.

—로드 우튼Rod Wooten, 글로벌 제약사 노바티스 글로벌 마케팅 총괄

헤드헌터로서 나는 전략적 사고와 실행력을 임원 평가 기준으로 삼는다. 24시간 내내 업무가 있는 노동환경에서 집중력과 주의력 관리는 필수적이다. 모든 리더가 책장에 꽂아두어야 할 책이다.

—데이비드 골드스톤David Goldstone, 데이비드 골드스톤 어소시에이츠 CEO

책임감 있는 고용주는 조직의 구성원이 최선을 다해 일하고 그 안에서 보람을 찾도록 해야 한다. 이 책은 그런 고용주들을 위한 실용적인 조언으로 가득하다. 제나 에버렛은 생산성 방해 요소를 제거하는 것이 성공적인 관리자의 최우선 과제라는 사실을 일깨워준다.

—마거릿 구치Margaret Gooch, 영국 브레이크스 인사 총괄

일 잘하는 조직을 꿈꾸는 리더는 시간과 에너지를 현명하게 관리할 수 있어야 한다. 제나 에버렛은 시간과 집중력에 대한 통제권을 되찾을 수 있는 강력하면서도 실천하기 쉬운 조언들을 제시한다. 모든 리더의 필독서다.

—케이티 댄비Katie Danby, 영국 HSBC 개인금융부 최고운영책임자

여러 조직의 사외이사로 일하며 유능한 임원들이 바쁨의 굴레에 갇혀 전략적 사고와 새로운 기회를 포기한 채 좌절하는 안타까운 모습을 목격해왔다. 이 책은 시간과 집중력이라는 귀중한 두 가지 자원을 지키기 위한 현실적인 조언을 담고 있다.

—폴 바이너Paul Viner, 엑스트럴 CFO, 토트넘 홋스퍼 유한책임회사 전직 재무 이사

자유는 규율을 통해 온다.

—아리스토텔레스

차례

1부 당신을 바쁘게 만드는 원인 찾기

2부 바쁨은 줄이고 성과는 높이는 11가지 솔루션

3부 솔루션 실천 후에도 여전히 바쁘다면

4부 왜 우리 팀만 바쁠까?

5부 바쁨에서 벗어난 후

바쁨도 테스트

아래 내용 중 해당 사항에 체크해보자.

☐ 할 일이 너무 많아서 아무것도 할 수가 없다.

☐ 거절을 못 해서 남의 부탁을 무리하게 들어준다.

☐ 언제나 온라인 접속 상태지만 정작 소중한 사람들과는 멀어진 느낌이다.

☐ 직장 동료나 친구, 가족이 바빠 보인다는 말을 자주 한다.

☐ 전략적 사고는커녕 그냥 생각할 시간을 내기도 어렵다.

☐ 내 필요와 우선순위는 다른 사람의 필요와 우선순위에 밀려 언제나 뒷전이다.

☐ 가장 크고 중요한 일에 가장 적은 시간을 쓰고 있다. 계속 신경이 쓰이지만 어쩔 도리가 없다.

☐ 획기적인 아이디어가 있지만 제대로 발전시킬 시간이 없다.

☐ 달력에 회의 일정이 빼곡하다. 항상 준비도 못 하고 다음 회의에 들어가기 급급하다.

☐ 쌓이는 이메일 때문에 골치가 아프다. 받은메일함은 그대로 할 일 목록이 된다.

☐ 방해 요소가 너무 많아서 '정상적인' 업무 시간에 의미 있는 일을 하는 것은 오래전에 포기했다.

☐ 팀이 인력과 자원 부족에 시달린다. 팀원들이 마감 시한을 놓치거나 업무 과중을 호소한다. 다른 팀장들이 당신의 팀 때문에 일이 지연된다며 불평한다.

- [ ] 바쁜 팀원에게 업무를 배정할 때 미안한 감정이 든다. 팀 내 업무 분배가 고르지 않아 일을 잘하는 사람이 제일 바쁘고 일을 못하는 사람은 무임승차한다.

- [ ] 점심시간에 제대로 된 식사를 하지 않고 주로 모니터 앞에서 대충 때운다.

- [ ] 다른 사람의 문제를 해결해주는 것이 좋다. 사람들이 나를 좋아하는 것이 중요하다.

- [ ] 가끔 여유가 생기면 바로 다른 일을 만든다. 차분하게 앉아서 '오늘은 뭘 할까?'라는 생각을 해본 것이 언제인지 기억도 나지 않는다.

- [ ] 비판을 개인에 대한 공격으로 받아들여 예민하다는 소리를 들은 적이 있다. 실수하는 것을 싫어한다.

- [ ] 일할 기분이 아니라서 업무에 집중하지 못하는 때가 있다.

- [ ] 이메일이나 문자에 즉시 회신하지 못하면 불안하다.

- [ ] 업무에 몰입할 기분이 아닐 때가 많다. 일할 기분이 들 때까지 기다리거나 막판에 가서야 시작한다.

- [ ] 삶에 치이는 느낌이 든다. 삶을 사는 것이 아니라 그저 지나가고 있는 것 같다. 사는 것이 예전만큼 재미있지 않다.

- [ ] 링크드인LinkedIn에 접속하면 다들 대단해 보여서 우울하다.

- [ ] 일할 때 신이 나지 않고 꾸역꾸역 운동하는 것 같은 느낌이다. 아무리 애써도 앞으로 나아가지 않는 기분이다.

- [ ] 뭔가를 읽을 때는 대강 훑어본다. 사실 이 목록도 그런 식으로 읽었다.

결과

> **20개 이상**　당장 심장마비로 쓰러져도 이상하지 않다.
> 　　　　　　　미칠 듯 바빠서 그야말로 폭발 직전이다.
>
> **10~19개**　자기 꼬리를 쫓는 개처럼 별 소득도 없이 바쁘기만 하다.
> 　　　　　　비효율적인 업무 처리로 커리어가 정체되어 있다.
>
> **10개 미만**　일머리가 없다. 일터에서 종일 자신이 무엇을 하는지
> 　　　　　　되돌아보자. 정체를 들켜 쫓겨나지 않고 지금껏 월급을
> 　　　　　　받아온 것을 다행으로 여기기를.

　　장난스럽게 표현했지만 감당할 수 없을 정도로 바쁜 상태와 그로 인한 폐해는 우습게 볼 일이 아니다. 테스트의 첫 번째 항목에 체크했는가? 할 일이 너무 많아서 아무것도 할 수 없다고 느낀다면 21세기에 조직생활을 하고 있는 수많은 이들과 마찬가지로 당신 역시 피해자다.

　　당신은 미칠 듯이 바빠서 고통받고 있다. 이것은 정상적인 상태가 아니다. 나의 임무는 이 외롭고도 치열한 바쁨에서 당신을 구해내는 것이다. 그 대열에서 벗어나면 당신은 성공과 행복을 누리게 될 것이다.

　　바쁨에서 벗어나기 위한 첫걸음은 현재의 업무 방식이 당

신에게 전혀 도움이 되지 않는다는 사실을 인지하는 것이다. 개
인뿐 아니라 조직에도 유익하지 않다. 이런 식으로 계속 바쁨의
굴레 속에서 쳇바퀴만 돈다면 삶과 커리어에 어떤 결과가 닥칠지
상상해보라.

　실질적으로 중요한 업무를 더 효율적으로 수행한다면 적
절한 시간 내에 맡은 일을 완수할 수 있다. 당연한 말이지만 우리
가 원하는 것은 그게 전부다. 그럴 수만 있다면 제시간에 퇴근해
서 개인의 삶을 즐기고 소중한 사람들과 시간을 보낼 수 있으며,
좋아하는 일을 하면서 재충전하거나 숨을 돌릴 수도 있다. 힘들
게 번 돈을 원하는 곳에 쓸 시간도 생긴다. 일의 생산성과 만족도
가 올라가고, 동료들의 생산성과 만족도도 함께 향상될 것이다.

　무엇보다도, 바쁨의 쳇바퀴에서 벗어나면 하루를 어떻게
보내고 무엇을 할지 스스로 선택할 수 있게 된다. 이것이야말로
내가 정의하는 진정한 성공이다.

어떤 사람이 될 것인가?

미친 듯이 바쁜 사람

열심히 하지만 성과는 없는 사람

바빠서 어디로 가는지 모르겠는 사람

잡무에 파묻힌 사람

늦은 밤 업무 이메일을 마구 날리는 사람

바빠서 말도 못 붙이겠는 사람

사태가 악화되도록 방치하는 사람

남 좋은 일만 하는 사람

일을 미루는 사람

피드백을 껄끄러워하는 사람

할 일 목록에 오랫동안 처리하지 못한 항목이 가득한 사람

거절을 못 해서 늘 시간이 없는 사람

사람은 좋은데 늘 정신이 없어 업무를 지연시킨다는 평가를 듣는 사람

달력이 회의 일정으로 빽빽해 제대로 준비할 시간도 없는 사람

팀원들의 업무를 감시하는 사람

마감 기한을 놓치는 사람

업무에 치이는 사람

"한 주가 어떻게 지나간 지도 모르겠네"라고 말하는 사람

행복하고 생산적인 사람

높은 성과를 내는 사람

할 일을 하는 사람

업무를 전략적으로 관리하는 사람

문제가 생기면 하룻밤 차분하게 생각하고 다음 날 이메일을 보내는 사람

기꺼이 상대의 말을 경청하는 사람

문제의 싹을 자르는 사람

관리자가 주목하는 일을 하는 사람

중요한 일을 먼저 하는 사람

피드백을 반기는 사람

할 일 목록에 우선순위 업무 세 가지만 적는 사람

개인의 목표를 우선순위에 따라 나누어 조직의 목표와 연동하는 사람

다양한 프로젝트에 초대받고 리더 역할을 요청받는 사람

들어갈 회의를 엄선하고 철저히 준비하는 사람

팀원들의 업무 흐름과 진척도를 관리하는 사람

매일 조금씩 진전을 이루는 사람

업무를 주도하는 사람

"제게 요청할 사항이 있나요?"라고 묻는 사람

들어가는 글

당신은 바쁨 중독에 빠져 있다

업무를 방해하는
세 가지 요인:
주의력, 조직문화, 소셜미디어

커리어 코치로 여러 직장인을 만나며 일찍이 깨달은 바가 있다. 재능이나 포부와는 별개로, 개인의 성공에 가장 큰 영향을 주는 요소는 바로 시간과 집중력의 활용 방식이라는 사실이다.

우리가 직장에서 시간을 보내는 방식은 대체로 우리에게 전혀 도움이 되지 않고 있다. 직장에서의 하루는 어떤가? 종일 별 의미도 없는 회의에 불려 다니고 여러 가지 프로젝트를 번갈아 담당하며 그 와중에 이메일은 쉴 새 없이 밀려든다. 자잘한 업무 요청을 거절하지 못해 모두 떠맡지만 시간이 부족해 결국 다 끝 내지도 못한다. 직장에서 우리는 경쟁이라도 벌이듯 마감을 만들 고 또 그 마감을 맞추려 분주히 일한다.

우리는 직장에서 거의 자동 모드로 움직인다. 당장 들어오는 요청에 대응하는 데 급급해 다음 업무에 대해서는 시간을 들여 고민하지 않는다. 거시적인 차원에서 봤을 때 별로 중요하지도 않은 자잘한 일을 하느라 시간과 노력을 쏟아붓는 것이다. 스스로는 바쁘게 일하고 있다고 느끼겠지만 실제로는 전혀 생산적이지 않다. 게다가 우리는 언제나 온라인 접속 상태다. 손에는 늘 핸드폰을 들고 있다. 오프라인이 되는 순간 중요한 소식을 놓칠까 모두가 전전긍긍한다.

한번 생각해보자. 커피나 차를 내릴 때 가만히 생각에 잠기는가 아니면 핸드폰 알림을 체크하는가? 운전 중 차가 막히거나 신호에 걸리면 핸드폰을 확인하고 싶어 손이 근질거리지는 않는가? 이런 삶 속에서는 생각할 시간이 없다. 조직이 지식노동자에게 바라는 것은 생각과 아이디어, 지식, 경험, 정신적 에너지인데 말이다.

주의력의 파편화로 인해 우리는 주변의 소음을 차단하지도, 중요한 일에 집중하지도 못한다. 지난 10분간 어떤 것들이 당신의 주의를 사로잡았는가? 여기까지 읽는 중에도 괜히 한번 고개를 들지는 않았는가? 무엇이 당신의 집중력을 흐트러뜨렸는가? 당신의 관심을 끈 것은 무엇인가? 마음속에 어떤 생각이 떠올랐는가?

언제부터인가 먹고 싶은 음식을 고르는 것 같은 즐거운 고민조차 부담스러운 선택이 되어버렸다. 코넬대학교 브라이언 완싱크Brian Wansink 교수 연구팀은 우리가 음식과 관련해 내리는 결정에 대한 연구를 진행했다. 대부분의 결정이 무의식적으로 이루어져서 우리가 자각하지는 못하지만 인간은 평균 하루에 226번 이상 음식에 대한 결정을 내리는 것으로 드러났다. 의식하지 않는다고 해도 이러한 결정들은 정신적 에너지를 소모하고 스트레스를 가중시킨다. 사실 아침에 커피 한 잔 사는 것도 상당한 피로를 동반한다.

네, 일반 우유요. 사이즈는 미디엄이요. 아니요, 다른 건 필요 없어요. 네, 테이크아웃이요. 이름은 제나Zena예요. 이름 스펠링이요? 'e'는 한 개고 'x'가 아니라 'z'로 시작해요. 아, 벌써 'x'로 쓰셨다고요? 괜찮아요. 감사합니다. 네, 좋은 하루 보내세요. 감사해요. 이거 제 커피인가요? 아, 죄송해요. 저분 거군요. 이게 제 거네요. 감사합니다.

이런 모습이 과연 발전한 사회의 모습일까? 점점 빨라지는 삶 속에 이뤄지는 이러한 소통은 우리에게 즐거움을 주지 않는다. 솔직히 말하면 내게는 조금 피곤하게 느껴진다. 친절 사원 배지를 달고 활짝 웃고 있는 카페 직원도 피곤하기는 마찬가지일 것이다.

우리는 대개 매일의 일과에 적응하고 살아남는다. 일부는 그 안에서 더 잘 적응하고 성장한다. 조직 내에서 맡은 책임이 커질수록 선택해야 할 일과 업무량은 점점 많아진다. 하지만 이런 변화를 헤쳐나갈 방법을 알려주는 이는 없다.

생산성을 높이기 위해서는 어떻게 해야 할까? 일하는 시간을 늘리는 것은 답이 아니다. 해야 하는 일 중에서 가장 영향력이 큰 업무를 선택하고, 그 업무에만 온전히 집중할 수 있도록 방해 요소를 제거해야 한다.

그러나 구체적인 방법을 설명해주는 사람은 없다. 업무의 중요성을 고려해 우선순위를 철저하게 세우는 법도, 중요한 일에만 집중하는 법도, 비슷한 활동을 한데 몰아 시간을 덩어리로 묶어 관리하는 법도, 모두를 만족시키려는 시도를 멈추는 법도, 그리고 가장 어렵다는 거절하는 법도 모두 스스로 깨우쳐야 한다.

우리를 고통스럽게 하는 바쁨 중에는 조직문화에서 기인하는 것들도 있다. 나는 이것을 '조직문화적 바쁨cultural busyness' 이라고 부른다. 딱히 읽는 사람도 없는데 매주 지루한 보고서를 작성하고 있는가? 업무 중복이 분명한데 원래 그렇게 해왔기 때문에 그냥 하고 있는 복잡한 절차가 있지는 않은가? 우리를 짜증나게 하는 이런 것들이 바로 조직문화적 바쁨이다.

디지털화가 이뤄지면서 우리는 24시간 업무 모드에 돌입하게 되었다. 1930년 경제학자 존 메이너드 케인스John Maynard

Keynes는 미래에 인간의 평균 노동시간이 주당 20시간 정도로 현저히 감소하고 물질적 풍요와 긴 여가시간을 누릴 것이라 전망했다. 그 시점이 지금이다. 그런데 현실은 어떤가? 정반대의 일이 벌어졌다.

가짜 일이 진짜 일을 가리고 있다. 디지털화로 인해 우리가 일하는 방식은 혁명적으로 바뀌었지만, 동시에 진짜 일을 가리는 무수한 가짜 일을 만들어냈다. 우리는 대부분 지식노동자다. 생산직 노동자는 물리적인 결과물을 만들어내지만, 지식노동자는 스프레드시트나 프레젠테이션 자료 등 무형의 결과물을 만든다. 기업의 본사 사무실과 생산라인의 효율성을 따져보면 대체로 생산라인 쪽의 효율성이 훨씬 높다.

오늘날 지식 근무 현장은 유능한 인적 자원을 제대로 활용하지 못하고 있다. 생산라인에 빗대어 생각해보자. 경주용 자동차 바퀴 장착 작업에 열중하고 있는데 갑자기 누가 와서 배기구를 수리하라고 하면 어떻겠는가? 그러더니 갑자기 생산라인을 중단하고 몇 시간씩 회의를 한다면 일이 제대로 되겠는가? 애석하게도 많은 사무실에서 이와 유사한 일이 벌어지고 있다. 우리는 업무 방해로 인해 발생하는 비용은 생각하지도 못 한 채 여러 채널을 오가며 다양한 업무를 동시에 하고 있다.

그 결과 업무를 끝내는 데 걸리는 시간은 길어졌고, 우리는 그 어느 때보다 오랜 시간 일하고 있다. 업무 시간을 늘리는 전략은 먹히지 않는다. 생산성이 오히려 하락하고 있는 것만 봐도 알 수 있다. 온갖 설명과 변명을 늘어놓아도 결국 이유는 하나다. 바로 비효율이다. 설상가상으로 업무 절차 중복, 팀들 간 의사소통 부족, 목적에 부합하지 않는 시스템, 구성원 교육 부족 등 문제가 겹치면 같은 업무를 처리하는 속도가 5년 전, 심지어 10년 전보다 느려지는 상황이 온다. 이렇게 하지 않아도 될 일을 하느라 바쁜 상태를 '가짜 바쁨'이라고 부른다.

우리는 점점 더 큰 고통과 외로움, 좌절을 느끼고 있다. 미치도록 바쁜 상태에 놓이게 되면 스트레스와 피로감이 쌓이고, 자꾸만 온라인 세계를 찾게 된다. 많은 사람이 잠들기 직전까지 핸드폰을 보고 아침에 눈을 뜨자마자 또 핸드폰을 찾는다.

나는 이를 '연결성 바쁨connected busyness'이라 부른다. 마음속 깊은 곳에서는 우리도 온라인이 실제 사회와 다르다는 사실을 알고 있다. 그러나 소셜미디어의 강력한 알고리즘은 우리가 세워둔 우선순위와 일상을 뛰어넘게 만든다. 우리를 끊임없이 온라인 세계로 끌어들이는 것이다.

소셜미디어가 정신건강과 효율성 등에 끼치는 악영향은 익히 알려져 있다. 그러나 우리는 이미 그 안에 깊이 빠져 있다. 핸드폰을 소셜미디어가 아닌 진지한 대화에 사용한 것이 언제였는지 기억은 나는가?

동료들과 대화하며 진정한 유대감을 구축할 수 없다면 고립감에 빠질 수 있다. 특히 재택근무를 하는 경우에는 유대감 형성이 더욱 힘들다. 물론 사무실에서 근무한다고 소통이 보장되는 것은 아니다. 당신의 상사는 당신이라는 사람을, 당신의 목표와 고민거리를 알고 있는가? 당신은 상사에 대해 알고 있는가?

사회적 관계는 미래의 행복을 가늠하는 좋은 척도다. 북적이는 사무실에서 일하든 원격으로 일하든, 미친 듯이 바쁜 상태에서는 일터 안팎에서 진정한 관계를 쌓을 수 없다. 직업적으로 성공하기 위해서는 업무에서 맺는 네트워크가 중요하다. 강한 유대 관계가 없다면 직업적 차원을 넘어 생활에서도 심각한 결과를 초래한다.

사회적 연결 전문가 줄리앤 홀트 룬스타드Julianne Holt-Lunstad는 기존 연구 결과를 모아 340만 명 이상의 데이터를 분석한 메타연구를 진행했다. 이 연구에서는 사회적 고립과 고독이 조기 사망 위험을 약 30% 높이는 것으로 드러났다. 사회적 연결과 사망률의 관계에 대한 연구에서는 사회적 유대가 강한 사람이 그렇지 않은 사람에 비해 같은 기간 사망할 확률이 50% 낮은 것으로 나타났다. 외로움은 하루에 담배를 15개비 피우는 것만큼 건강에 해롭다.

지금 일하는 방식으로는 목표에 도달할 수 없다. 이제 잠시 멈춰보자. 우리에게 필요한 것은 여유와 경청 그리고 진정한 관계의 구축이다. 이를 위해서는 먼저 우선순위를 정하고 다음

할 일을 더 신중하게 고민해야 할 때다.

바쁘기만 하고
성과는 없는
사람들

20여 년 전, 현대인의 생활을 칠죄종(기독교에서 정의하는 인간의 일곱 가지 죄악)의 관점에서 들여다보는 TV 프로그램에서 섭외가 들어왔다. 제작진은 '나태'를 상징하는 인물의 정반대 예시로 나의 하루를 찍고 싶어 했다. 나는 이리저리 뛰어다니는 역할이었다. 촬영팀은 목표에만 정신이 팔려 세상 사람들은 물론 자신도 안중에 없이 런던 곳곳을 휘젓고 다니는 내 모습을 카메라에 담았다.

손발이 오그라드는 민망함에 방송을 보지는 못했다. 그래서 내 반대 사례로 소개된 사람이 무엇을 했는지도 전혀 모른다. 깨어 있는 시간 대부분을 소파에서 보내는 모습이 방영되었을 수도 있다. 하지만 소파에서 쉬는 동안 좋은 아이디어를 떠올렸을 수도 있고, 그날의 재충전을 바탕으로 새로운 성취를 이루어냈을지도 모른다.

나는 커리어 코치로 일하고 있다. 내 고객인 직장인들이 현재 서 있는 곳에서 목표 지점까지 도달할 수 있도록 구체적인 해결책을 제시하는 것이 나의 역할이다. 이 책에는 내가 가짜 바쁨에 허덕였던 이유를 파악하고 개선하며 배운 것들, 그리고 수천 시간에 걸쳐 많은 직장인을 코칭하며 배운 것들이 담겨있다. 내가 했으니 당신도 할 수 있다.

목표를 세워도 실행할 시간이 없다면 무의미하다. 의욕과 재능이 넘치는 직장인들은 늘 최선을 다하지만 중요한 업무를 끝내기가 쉽지 않다고 고충을 털어놓는다. 도무지 해결책이 없다며 좌절감을 토로한다. 다들 비슷한 상황을 겪어봤을 것이다. 아침에는 대부분 명확한 목표를 가지고 출근한다. 그러나 일상적인 사무와 각종 잡무, 갑자기 들어오는 업무 요청에 치이다 보면 어느새 시간이 훌쩍 흘러 퇴근 시간이 된다. 결국 최우선으로 처리하고 싶은 업무에 집중하기 위해서는 남들보다 일찍 출근하거나 늦게까지 남아 야근하는 수밖에 없다. 그렇게 근무시간은 늘어난다. 그렇다고 컴퓨터를 끄는 순간 근무가 끝나는 것도 아니다. 근로계약서상의 근무시간은 무의미하다. 많은 사람들이 집에 가서도 밤늦게까지 이메일을 체크하고 눈뜨자마자 메일함을 확인한다. 자다 깨서 메일을 확인하는 경우도 있다. 심지어는 메일에 회신하고서야 잠들기도 한다. 이 모든 것이 악순환이다. 모두가 끊임없이 근무 상태로 있으면서 다른 사람들까지 일하게 만드는 것이다.

나는 이런 이들에게 개인의 커리어나 현재 몸담고 있는 조 직에 가장 큰 영향을 줄 만한 일들을 적어보게 했다. 그러고는 각 각의 일에 실제로 투자하고 있는 시간을 재도록 했다. 대부분 중 요도가 높은 일에 가장 적은 시간을 쓰고 있었다. 가장 큰 프로젝 트에 시간을 전혀 할애하지 못하는 사람도 있었다.

이유는 다양했다. 프로젝트를 시작하기 위한 덩어리 시간 을 확보하지 못해서, 어떻게 시작해야 할지 몰라서, 시작은 해야 겠는데 기획할 시간을 내기 어려워서, 완벽하지 못한 결과를 낼 것이 두려워서 등등 각양각색의 답변이 나왔다.

미루기는 완벽주의자들에게서 종종 나타난다. 그리고 성 취도가 높은 사람 중에는 완벽주의적 성향을 지닌 사람이 많다. 그들에게는 할 일을 미루다가 마감에 가까워서야 다급하게 처리 하는 학생 증후군student syndrome 경향도 있다. 마감을 임의로 정 할 수 있는 경우에는 자꾸 다른 업무에 눈을 돌려 시작을 미룬다.

사례는 이처럼 다양하지만, 공통점은 중요 업무에 쓸 수 있는 여력이 없었다는 점이다. 회의 일정이 빽빽하고, 일하는 도 중에도 상사와 부하직원이 무엇인가를 끊임없이 요청하고 물어 보는 통에 생각할 시간을 낼 수가 없었다. 그들은 한마디로 가짜 바쁨의 피해자였다.

최악은 자신의 바쁨을 경쟁적으로 과시하려는 사람들이 었다. 이들은 회의에 끊임없이 불려 다닌다는 사실을 훈장처럼 여겼다. 바쁘다는 사실 자체가 자신이 조직에서 꼭 필요하고 중요한 사람이라는 증거라고 생각하는 것이다. 이들은 업무 요청을 거절하지 못해 일을 잔뜩 떠안고는 결국 자신이 하려던 일도, 동료에게 요청받은 일도 제대로 해내지 못해 공분을 샀다.

너무 바쁜 사람은 관리자가 될 수 없다

바쁜 사람들은 대부분 뛰어난 실무 능력으로 빠르게 승진한다. 이들은 승진 후에도 열심이지만 애석하게도 관리자로서 역량은 부족하다. 너무 바쁜 사람들은 업무 방식이나 목표 설정을 배우기에 좋은 본보기가 아니다. 게다가 이들에게는 누군가를 관리할 시간이 없다. 문제를 조기에 발견해 방향을 수정한다거나 팀원들의 말을 경청하며 신뢰를 구축하거나 커리어에 대한 조언과 대화를 나눌 시간이 없는 것이다. 인사 지침에 따라 1~2주에 한 번씩 팀원들과 개인 면담을 하는 것이 전부다.

익숙한 이야기일 것이다. 직장인들이 원하는 것은 비슷하다. 출근해서 성실하게 일하고, 퇴근 후에는 만족스러운 개인의 삶을 즐기는 것이다. 애초에 미친 듯이 바쁘게 일하는 것을 목표로 직장생활을 시작하는 사람은 없다.

이 책은 우리의 의욕적인 성향이 디지털화의 흐름, 잘못된 조직문화와 맞물려 생산적이지도 건강하지도 않은 가짜 바쁨을 만들어내는 과정을 낱낱이 살펴볼 것이다.

퇴근 후의 삶은 무사한가?

퇴근 후에는 주로 무엇을 하는가? 외부 활동은 대체로 제한적이다. 운동을 조금 하거나 온갖 기기로 무엇인가를 시청하는 정도다. 사회적 관계나 가정을 유지하기 위한 최소한의 노력만으로도 벅차다. 영화와 TV 프로그램을 비롯한 수많은 볼거리가 우리의 주의를 사로잡는다. 그 덕에 지루할 틈이 없지만, 집중을 방해하는 디지털 매체 때문에 우리의 에너지는 고갈된다.

나는 강연에 온 참석자들에게 퇴근 후에 주로 무엇을 하는지 묻는다. 대체로 너무 피곤해서 외출이나 운동은 물론이고, 제대로 된 식사 준비도 엄두를 못 낸다고 답한다. 결과적으로 이들은 직장에서와 똑같은 모습으로 화면 앞에 앉아 끼니를 대충 때운다. 혹은 일정이 비는 것을 견딜 수 없어 퇴근 후에도 바쁘게 사는 사람도 많다. 이런 집을 보면 아이들 일정까지 빽빽하다. 내 주변에는 약속이 너무 많아서 저녁 한 끼 같이 먹으려면 일정 조율

앱을 써야 하는 친구도 있다.

이런 사람들에게 '하루에 1시간이 덤으로 주어진다면 무엇을 하고 싶은가요?'라고 물으면 안타까운 답이 돌아올 때가 많다. 모르겠다는 것이다. 자신이 무엇을 할 때 행복한 사람인지 잊고 사는 사람이 그만큼 많다는 증거다.

나를 위해 쓸 시간을 확보하는 것이 왜 이렇게나 힘들까? 많은 사람들이 하루에 1시간만 더 자는 것이 소원이라고 말한다. 그런데 정작 침대에 누우면 긴장을 풀어야겠다며 핸드폰을 든다. 그만해야 한다는 것을 알면서도 잠들기 직전까지 화면을 들여다본다. 미디어 기업들은 관심을 받으려 끊임없이 경쟁하고, 화면을 끄고 잠자리에 들겠다는 우리의 결심은 그 앞에 속절없이 무너진다. 케인스가 현대인의 이런 모습을 봤다면 경악을 금치 못했을 것이다.

어떻게 하면 이 굴레에서 벗어날 수 있을까? 우리는 다른 자원은 그렇게 아끼면서 시간은 아까운 줄 모르고 흘려보낸다. 시간은 절대로 다시 만들 수 없는 자원이다. 소중한 1시간은 흘러가고 나면 영원히 사라져버린다.

이 책의 목표는 시간과 주의력, 집중력에 대한 주도권을 되찾도록 돕는 것이다. 자칫 간과하기 쉽지만, 팀원들의 주의력과 집중력 관리는 관리자의 중요한 소임이다. 이 문제에 대해 고민하고 있다면 이 책이 분명 도움이 될 것이다.

또한 당신의 바쁨이 동료들에게 어떤 영향을 미치는지도 살펴볼 것이다. 특히 회의, 이메일, 작업 흐름 관리, 피드백 등 다양한 측면에서 다른 사람들에게 어떤 영향을 주고 있는지 생각해볼 기회가 될 것이다. 혹시 새로운 업무용 메신저에 열광하는 타입인가? 이런 도구는 소통을 개선하는 경우도 있지만 IT 부서 담당자들이 링크드인 프로필에 적을 경력 한 줄을 위해 도입한 경우도 꽤 많다. 업무에 도움이 되지 않는다면 이런 도구 사용도 중단해야 한다.

우리 시간 중 20%가 낭비되고 있다

구성원들이 과중한 업무로 부담을 느낄 때 이를 해소하는 것은 조직의 책임이다. 업무 재편성과 재설정을 통해 조직은 생산성과 수익성 제고는 물론 직원들의 열의를 끌어올리고 복지를 향상시키며 인재 유출도 막을 수 있다. 많은 기업이 인재를 붙잡기 위해 비싼 돈을 들여 각종 프로그램을 운영하지만, 적절한 업무 배분이 그 어떤 프로그램보다 큰 효과를 낼 수 있다.

　탁월한 관리자는 흔치 않다. 수많은 조직이 업무 분배, 피드백, 자원관리 기술 등 기본적인 관리 역량보다 리더십 개발에 우선순위를 둔다. 그러나 리더들에게 생각할 시간이 주어지지 않는다면 각종 전략적 사고 교육은 무의미하다. 직원들의 행복을 위한 마음챙김 강좌를 아무리 진행해도 강좌 후 자리로 돌아왔을 때 새로운 이메일이 수백 통 쌓여 있다면 역효과가 날 수밖에 없다.

우리는 업무 흐름 중단과 집중력 분산으로 일주일에 20% 이상의 시간을 잃고 있다. 2017년 베인앤컴퍼니Bain & Company의 마이클 맨킨스Michael Mankins와 에릭 가턴Eric Garton이 쓴 책《시간, 인재, 그리고 에너지Time Talent and Energy》에는 '조직 차원의 업무 방해물' 개념이 등장한다. 내가 앞서 언급한 다양한 업무 방해 요인이 이에 해당한다. 저자들은 조직 차원의 업무 방해로 인해 낭비되는 시간이 총 근무시간의 20%에 이르며, 관리자의 경우 최대 25%에 달한다고 말한다. 이렇게 버려지는 시간은 팀을 관리하느라 들이는 시간이 아니라 순전히 방해 요소들에 끌려다니느라 허비된 시간이다. 훌륭한 인재를 고용해놓고 업무를 방해하다니 이런 낭비가 어디 있는가?

리더들은 가짜 바쁨의 늪에 빠져 우리를 어딘가로 이끌지도, 비전을 제시하지도 못 하고 있다. 많은 리더가 별 의미도 없는 잡다한 업무에 발목 잡혀 있다. 이 문제를 해결하면 우리는 일주일에 무려 하루를 되찾을 수 있다. 하루의 시간이 더 주어진다면 당신의 삶은 어떻게 달라질까?

비생산적이고 소모적인 지긋지긋한 바쁨의 굴레에서 벗어나기 위해서는 우선 굴레에 갇힌 현실을 인정해야 한다. 대부분의 문제에 대한 해결책은 이미 우리 안에 있다. 한 업무를 마치고 다음 업무를 선택할 때 더 나은 결정을 함으로써 우리는 문제에서 벗어날 수 있다. 당장 눈앞에서 해결해달라고 아우성치는 일에 정신없이 대응할 것이 아니라 더 생산적이고 의미 있는 방식으로 하루를 보내야 한다. 눈앞에서 다급하게 업무를 요청하는 사람이 골치 아픈 상사라고 해도 마음을 굳게 먹고 거절할 수 있어야 한다.

나는 당신이 낭비하고 있는 20%의 시간을 되찾아올 실용적인 방법을 알려주려고 한다. 업무 시간에는 자기효능감을 느끼며 일에 매진하자. 퇴근 후에는 힘들게 번 돈을 보람차게 소비하며 삶을 즐기고, 에너지와 집중력, 창의성을 재충전해서 다음 날 가뿐한 마음으로 출근하도록 돕겠다.

우리가 바라는 것들이 21세기에 그렇게 무리한 요구는 아니다. 영국 여론조사기관 유고브YouGov가 실시한 한 설문조사에서 영국 직장인의 37%는 자신이 하는 일이 세상에 별로 의미 있는 기여를 하지 못한다고 답했다. 가슴 아픈 일이다.

코로나19가 찾은
생산성의 재발견

코로나9 팬데믹 이후 세상은 달라졌다. 우리의 업무 방식은 물론 소통 방식까지 바꿔놓았다. 생산성을 연구해온 기업들은 방해 요소가 적은 재택근무 환경에서 우리가 더 많은 일을 해낸다고 말한다. 이 연구 결과는 우리가 오랫동안 필요로 했던, 생산성에 대한 기존의 통념을 깨주는 경종이다.

재택근무가 도입되며 리더의 자질 역시 극명하게 드러났다. 훌륭한 리더들은 화상회의와 면담을 통해 구성원과 접점을 늘리고, 팀원 각자의 상황과 안부를 세심하게 살피며 신뢰를 얻었다. 원활한 소통과 동기부여를 위해 업무의 마감 주기를 좀 더 짧게 조정해 업무를 수월하게 만들었다. 팀원들에게 '직접 얼굴을 보며 근무할 때와 달라서 힘든 일이 있어도 잘 알아챌 수 없으니 혹시라도 무슨 일이 있으면 꼭 알려달라'고 당부하기도 했다. 관리에 소홀한 리더들은 원래 잡혀 있던 회의를 온라인으로 전환하는 데 그쳤다. 팀원들의 개별적인 상황을 충분히 확인하지 않았고, 도움이 필요하면 알아서 요청하겠거니 하고 방치했다.

리더들은 코로나9로 인한 봉쇄 경험을 살려 더 효율적으로, 집중력 있게 일할 기회로 삼아야 한다. 단순히 자리를 더 오래 지키고 앉아 있는 사람이 인정받던 시대는 지났다.

재택근무를 하게 되니 출근과 퇴근의 구분이 사라져 오히려 더 오랜 시간 일하게 되었다고 말하는 사람도 많았다. '이거 하나만 더 해야지' 하는 생각 때문이다. 여러 시간대에 속한 팀원을 관리하느라 지속 불가능한 일정으로 일한 경우도 있었다.

나는 이렇게 조언했다. 아무리 똑똑하고 재능이 뛰어난 사람이라도 초인처럼 일할 수는 없다. 그들의 몸도 마찬가지다. 그어느 때보다 많은 직장인들이 편두통, 요통, 관절염, 소화 장애 등으로 고통을 호소한다. 내가 의사는 아니지만, 이 모든 증상은 분명 모두 우려할 만한 스트레스 증상이다.

거절하는 법을 배워라

이제 바쁨의 쳇바퀴에서 벗어나 행복하고 성과를 내는 사람이 될 때가 왔다. 이 여정에 합류하고 싶다면 지금부터 거절하는 법을 배워야 한다. 수많은 일을 저글링하듯 처리하는 위태로운 상황을 지속할 수는 없다.

가장 먼저 출근해서 가장 늦게 퇴근하는 사람이 되지 않으면서도 자신의 가치를 증명할 방법을 찾아야 한다. 그러기 위해서는 모든 것을 통제하고, 모두를 만족시키고, 모든 일을 완벽하게 하려는 욕구를 억눌러야 할 수도 있다. 그러한 노력이 당신을 현재의 자리에 올려놓았을 수는 있으나, 목표하는 곳으로 데려다 주지는 않는다. 우선순위에 놓인 업무가 많이 남은 상태에서는 더 높은 단계로 나아갈 수 없다.

처음으로 돌아가서 당신이 지금처럼 바쁜 상태에 놓이게 된 원인부터 살펴보자. 시간을 되돌릴 수는 없지만 해결책을 명확히 하기 위해서는 문제의 근원을 들여다봐야 한다.

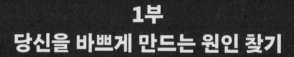

1부
당신을 바쁘게 만드는 원인 찾기

1장
당신이 바쁜 진짜 이유

▷ 근면성실함에 자부심을 가지고 살아왔는가?

▷ 자라면서 기왕 하려면 잘하라는 말을 자주 들었는가?

▷ 워커홀릭이라는 소리를 들어본 적이 있는가?

바빠야 직성이 풀리는 본인의 성향을 자책할 필요는 없다. 바쁨은 대개 매우 긍정적인 의도에서 비롯되며, 때때로 방어기제로 작동하기도 한다. 성실한 태도와 스스로에게 부여한 높은 기준은 지금까지 당신을 커리어에서 성공하도록 이끌었을 것이다. 그러나 이 기준을 조정하지 않으면 업무에 대한 압박감은 높아지고 스스로 설정한 기준을 지키는 일도 불가능해진다. 지나치게 바쁜 현재의 상태에서 벗어나기 위해서는 자신만의 기준을 어느 정도 포기해야 한다. 마음이 꽤 불편하겠지만 말이다.

강점도 지나치면 독이 된다. 스스로에게 엄격한 성향은 남들보다 빨리 출세하는 길을 터주지만 그 기준도 어느 정도를 넘어서면 불리하게 작용할 수밖에 없다. 승진 욕심이 없다고 해도 마찬가지다. 바쁨의 굴레에 빠져 있는 이상 당신은 행복해질 수 없다. 아마 당신도 무엇인가 잘못되고 있다고 느꼈을 것이다. 그렇지 않았다면 이 책을 읽을 이유가 없다.

베스트셀러 작가이자 커리어 코치인 마셜 골드스미스는 다음과 같이 말했다. 지금까지 당신을 성공시킨 방식이 앞으로의 성공을 보장하지는 않는다. 가짜 바쁨에 빠져 있는 사람들은 다음 네 가지 특성 중 적어도 하나는 가지고 있다. 당신은 어느 유형에 해당하는가?

1. 언제나 완벽해야 한다

학창시절 당신은 열심히 공부한다는 칭찬을 많이 받았을 것이다. 남들보다 똑똑했을 수도, 그렇지 않았을 수도 있지만 그 사실이 크게 중요하지는 않다. 지능은 좋은 성적을 담보할 수 있지만 업무 능력으로 곧장 이어지지는 않기 때문이다. 우리 주변에는 학창시절에 크게 주목받지 못했지만 큰 포부를 가지고 끈질기게 노력해 선생님의 기대를 뛰어넘는 성과를 거둔 사람이 한 명쯤은 있다.

좋은 성적에 대한 보상을 받으며 자란 사람도 있을 것이다. 요즘에는 부모들이 자녀의 성적보다는 과정에 들인 노력을 칭찬하고 보상할 줄 안다. 보장할 수 없는 결과보다는 통제할 수 있는 과정을 칭찬하는 것이다. 알다시피 아무리 노력해도 결과를 완전히 통제하는 것은 불가능하다.

우리 부모님은 그 세대 다른 부모와 마찬가지로 완벽을 추구하고 결과를 칭찬했다. 받아쓰기 시험에서 한 문제를 틀리면 정답을 맞힌 열아홉 개보다 틀린 한 개에 집착했다. 학창 시절 내 성적표를 두고 벌어졌던 일이 지금도 생생히 기억난다. 음악 선생님이 '노래를 부를 때 활기가 조금 부족함'이라고 적은 것이 화근이었다(내가 음치에 가까웠다는 사실을 고려하면 선생님의 평가는 에두른 표현이었다). 엄마는 이 평가가 내 완벽한 성적표를 '망쳤다'며 교장실에 전화를 걸어 항의했다.

어린 나는 이 일에서 무엇을 배웠을까? 나는 인생에 완벽한 성공 또는 완벽한 실패만이 존재한다고 생각하게 되었다. 중간은 없었다. 나는 스스로에게 엄격한 사람이 되었고, 장점보다 단점에 집중하기 시작했다. 받아쓰기 시험에서 만점을 받아도 자랑스러워하지 않고 문제가 쉬웠다고 생각하게 되었다.

나같이 완벽주의 성향을 지닌 이들은 완벽한 결과물을 만들어낸다. 그러나 책임 범위가 넓어지면 모든 일을 완벽하게 해낼 수 없다. 이런 상황이 닥치면 완벽주의자들은 통제력을 잃었다는 생각에 스트레스를 받는다. 그러고는 중요한 업무를 방치한 채 자신이 완벽하게 통제할 수 있는 쉬운 일을 먼저 처리하려 한다. 결과물이 완벽하지 않을 것이라는 두려움에 중요한 업무를 미루는 것이다. 시간이 허락하는 한 마지막까지 일을 미룬다.

주어진 모든 일을 완벽하게 해내려고 애쓰다 보면 정신없이 바쁜 사람이 되어버린다. 일정표에는 도저히 소화할 수 없는 일정이 빽빽히 차고, 할 일 목록에는 절대 끝내지 못할 일들이 가득 적힌다. 이렇게 바쁜 상태는 삶의 불만족스러운 부분을 외면하기 위한 도피처가 되기도 한다.

완벽주의자들은 비판을 견디지 못한다. 이러한 특성은 완벽주의자를 좌초시키는 가장 큰 원인으로 작용하기도 한다. 이들은 비판이 두려워 타인에게 피드백을 요청하지 않는다. 자신이 볼 수 없는 사각지대에 대한 조언을 구하지 않으면 커리어는 내리막길을 걸을 수밖에 없다. 직급이 올라가면 조직 구성원의 생산성도 관리해야 하기 때문에 자신의 업무보다 타인과의 관계에서 공백이 발생하기 쉽다.

리더십 관련 책《옳은 것과 그른 것The Right and Wrong Stuff》에서 켈로그 경영대학원의 카터 캐스트Carter Cast 교수는 방어적 태도가 배움과 발전을 저해한다고 설명했다. 이는 많은 이들의 커리어를 정체시키는 공통적인 요인이다.

2. 일을 남에게 맡기지 못하고 직접 해야 직성이 풀린다

당신은 실무에 매우 강하고, 업무 처리 능력 또한 뛰어난 고성과자다. 언제나 주도적으로 일하며 목표를 달성한다. 늘 깔끔한 결과물로 신뢰를 받는다. 동료들보다 더 많은 업무를 담당하고 더 오랜 시간 일하며 최선의 결과를 위해 자신을 끝까지 밀어붙인다. 궂은일도 마다하지 않는다. 이러한 평판을 바탕으로 당신은 성공을 거두고 승진해왔다. 당신에게 중요하지 않은 일이란 없으며, 항상 기꺼이 맡아 완벽하게 해낸다.

성격적 특성, 자기관리 능력 등 개인 역량은 사회적 성공에 큰 역할을 한다. 바쁨으로 점철된 중에 성공을 거둔 사람들은 동기부여, 절제력, 추진력과 포부 등에서는 강점을 보이지만, 집중력, 우선순위 선정 능력, 체계화 능력 등은 상대적으로 부족하다.

대인 역량은 개인 역량 못지않게 큰 역할을 한다. 대인 역량은 타인과 함께 일하고 그들에게 영향을 발휘하는 능력이다. 다른 사람들을 관리한다는 것은 그들을 통해 결과를 내야 한다는 뜻이기도 하다.

바쁜 사람은 속도를 늦출 수 없다. 이들에게는 타인의 말을 경청하거나 함께 발맞춰 갈 시간이 없다. 목표 달성에만 매몰되어 미래를 바라보며 전략적으로 생각할 시간도 당연히 없다. 이들은 안전하다고 느끼는 세부적인 업무부터 하다보니 큰 그림을 완전히 놓치기도 한다.

공급망 관리 매니저 알레산드로의 사례를 보자. 알레산드로는 자신이 맡은 프로젝트에 대해서라면 사소한 것도 놓치지 않는 꼼꼼함과 뛰어난 협상 기술로 빠르게 승진했다. 그러나 리더가 된 후 팀원들에게 받은 점수는 형편없었다. 팀원들은 시간을 지나치게 잡아먹는 프로젝트에 큰 부담을 느꼈다. 무엇보다 프로젝트 준비에 그렇게 많은 시간과 노력을 들여야 하는 이유를 납

득하지 못했다. 설상가상으로 서로 충돌하는 프로젝트들까지 생겼다. 이는 전형적인 조직문화적 바쁨 사례다. 현장의 팀원들은 상황을 정확히 파악하고 있었지만 알레산드로는 그들의 말을 듣지 못했다. 마침내 직원들의 말에 귀를 기울이기 시작하니 알레산드로의 눈에도 문제가 명확히 보였다. 알레산드로는 '우리가 달성하려는 목표가 무엇인가?'라는 질문을 중심으로 일부 프로젝트를 먼저 추진하고, 나머지는 보류 후 동력을 재구축했다.

　　가짜 바쁨은 사회적 성공과 관리자로 승진하는 데 방해 요소다. 관리직을 택하지 않고 직무 전문가의 길을 갈 수도 있지만, 늘 혼자 일할 수는 없다. 일하는 동안 우리는 타인과 협업하며 영향을 주고받는다. 이를 제대로 하지 못하면 업무는 지연된다. 모든 일을 직접 해야 직성이 풀리는 사람은 늘어나는 업무와 책임에 점점 압도되어 좋은 기회가 와도 버겁다는 생각에 마다하기에 이른다.

3. 자신의 필요보다 다른 사람의 필요를 우선시한다

　　가짜 바쁨에 시달려 내게 코칭받으러 찾아왔던 사람들은 대부분 다정하고 친절했다. 이런 사람들은 자연스럽게 관리 직무에 끌린다. 정당한 명분을 중시하기 때문에 직업이나 자원봉사, 사이드 프로젝트 등 다양한 활동을 통해 사회에 기여한다.

　　이런 사람들은 어린 시절부터 가족을 책임지고 돌보며 자랐을 가능성이 높다. 부모나 형제자매가 스스로를 제대로 돌보지 못하는 사람이었을 수도 있고, 까다롭고 요구사항이 많았을 수도 있다. 어떻게 해서라도 주변 사람을 만족시켜야 한다는 생각, 나보다는 다른 사람의 욕구를 우선시해야 한다는 생각은 습관이 된다. 이것이 생존 방식으로 작용하는 경우도 있다. 내가 그랬다. 부모님 두 분 모두 몸이 불편하고 정신적으로 불안정해 어린 시절부터 내가 부모님을 돌봐야 했다. 그리고 이런 상황을 당연하게 여겼다.

세상은 우리 같은 사람들 덕에 돌아간다. 우리 스스로는 그렇게 믿고 싶어 한다. 코치, 상담사, 의료업계 종사자 등 타인을 돕는 직종에 있는 사람들은 대부분 어릴 때부터 돌봄에 대한 책임이 있었다. 이는 결코 우연이 아니다. 어린 시절부터 느껴온 책임감은 현실이 되고, 성인이 된 후에는 직업을 통해 발현된다. 자신이 처한 상황과 세상의 이치를 동일시하고, 우리의 존재 목적은 타인을 돌보는 것이라는 메시지를 내면화한 결과다. 이런 사람들의 특성을 '공동의존증'이라고 말한다.

문제는 이런 사람들이 점점 더 많은 일을 맡게 되고, 결국에는 모든 요구에 대응할 수 없는 지경에 이른다는 점이다. 경계를 설정하지 않는 사람들이니 당연히 과부하에 걸린다. 공동의존자들은 도저히 불가능한 상황에서도, 심지어 상대가 원하지 않는 상황에서도 모두를 만족시키려 한다.

당신은 모두의 생일을 기억하는 사람인가? 다른 사람의 업무를 돕느라 늦게까지 남아서 일하는가? 다들 망설이는 프로젝트에 자원하는가? 회의가 끝나면 늘 남아서 컵을 정리하는가? 이런 배려에 대한 인정이나 보답이 없어서 서운한가? 늘 열심이라고 칭찬받지만 정작 승진에서는 뒤로 밀리는가? 종종 견딜 수 없는 스트레스로 휴가를 내는가? 집안일을 혼자 다 하는가? 자녀의 학교에서 학부모회 운영진으로 참여하지 못하면 괜히 눈치가 보이는가? 앞에 던진 질문 중 해당 사항이 많다면 당신은 공동의존적 성격을 지녔을 가능성이 크다.

공동의존적인 사람은 상대의 인정을 구하면서도 자신이 원하는 것을 요구하는 데는 서툴다(피드백 요청은 이 책에서 중요하게 다루는 주제다). 성과를 내고 생산성을 유지하기 위해서는 피드백이 필수적이다. 하지만 공동의존적인 사람들은 비판적인 피드백에 과민하게 반응하기 때문에 피드백 요청을 망설인다.

이들은 종종 자신의 정체성과 업무 수행 능력을 동일시해 일이 잘 풀리지 않으면 이성적인 판단 능력을 잃는다. 일하는 도중에 발생하는 크고 작은 실수는 불가피하다. 실수에서 배우는 교훈도 종종 있기에 때에 따라 실수를 장려하기도 한다. 그러나 공동의존자는 실패를 견디지 못한다. '발표를 망쳤으니 내 인생은 끝이야'라고 생각한다. 이들은 완벽하게 해내지 못하는 위험을 감수하고 싶어 하지 않는다. 안전지대 안에서 리스크가 낮은 대신 중요도 역시 낮은 일에 반복적으로 매달리며 심리적 안정을 찾는다.

이들은 입버릇처럼 '내가 뭐 해줄 거 없어?'라고 물으며 보이지 않는 곳에서 기꺼이 일한다. 약삭빠른 동료들은 공동의존자의 이러한 특성을 이용하고 공을 훔친다. 공동의존자 덕에 승진한 동료들이 도움에 감사하다며 넌지시 언급할 수는 있지만 어쨌거나 승진은 동료의 몫이다. 이런 동료들은 당신을 자기 곁에 두고 싶어 하며, 심지어 팀을 옮길 때 당신을 데려가고 싶어 하기도 한다. 남을 도와 호감을 사는 것에서 보람을 느끼는 당신의 욕구를 충족하는 행동이다.

공동의존적 행동을 바람직한 것으로 배우며 자란 세대도 있다. 나는 아일랜드 웨스트코크 지역의 밴든이라는 작은 마을에서 자랐다. 그곳에서 걸스카우트 브라우니대(걸스카우트 중 7~10세 단원으로 구성된 그룹)로 활동하며 요정 브라우니에 대해 배웠다. 이 꼬마 요정들은 모두가 잠든 시간에 집안에 몰래 들어가 집안일을 하고 난로에 장작을 넣어 불을 피우고 아침 식사를 준비한다. 그리고는 누가 보기 전에 어디론가 날아가버린다. 어린 소녀들은 브라우니 이야기를 통해 선행에 보답을 요구해서는 안 되며, 수동적이고 이타적인 사람이 되어야 한다고 배웠다. 먼저 나서서 요구하면 보답을 바랄 수 없다는 것이다.

이런 메시지는 남에게 치이고 이용당하는 데 지쳐 정신을

바짝 차리겠다고 결심할 때까지 우리 잠재의식에 끈질기게 남아
있다. 자, 커피라도 한 잔 마시고 정신을 바짝 차리자. 당신이 내
린 커피를 주위 사람들만 마시라는 법은 없지 않은가? <u>무리해서
다른 사람을 도우려는 마음을 줄이고 선을 명확히 그어야 한다.</u>

멜로디 비티Melody Beattie는 자신의 책《공동의존자 더 이
상은 없다》에서 "뭘 해드릴까요?"라는 말 대신 "뭐가 필요하신가
요?"라는 표현을 사용하라고 제안한다. 미묘한 차이지만 어투를
이렇게 바꾸면 상대의 문제를 떠안는 것이 아니라 적절한 도움을
주었다는 의미가 된다. 한번 해보면 생각보다 효과적인 방법이라
는 것을 알 수 있다.

이제 우리는 당신이 겪고 있는 가짜 바쁨의 근원적 이유를
파악했다. 부모님을 탓하고 싶은 사람도 있을 것이다. 혹은 잘못
된 사고방식을 뿌리 뽑아야겠다고 결심하는 사람도 있을 것이다.
여기 모두에 해당하지 않는 바쁨의 희생자들, 즉 별다른 심리적
요인 없이 주어진 업무를 처리하는 데 어려움을 겪는 이들도 있
다. 이런 이들은 다음 범주에 해당할 수도 있다.

4. 열심히 하지만 체계적인 업무 능력이 부족하다

의외로 당신은 그저 일이 너무 많아서 힘든 것일 수도 있
다. 담당하는 업무가 너무 많을 수도 있고, 상사가 업무 절차를 지
나치게 복잡하게 만들었을 수도 있다. 그것도 아니라면 다양한

이유로 일을 미루는 중일지도 모른다. 이 책에는 업무에 방해가
되는 다양한 요인을 제거하기 위한 실용적인 방법들이 담겨있다.
이 방법들을 잘 활용하면 많은 것을 통제할 수 있다.

　만약 스프레드시트를 싫어하거나 세부 사항에 대한 주의
력이 떨어진다면 다른 문제를 겪는 중일 수도 있다. 이런 사람들
은 다른 사람에 비해 계획과 정보 처리를 더 어려워한다. 실행장
애dyspraxia를 비롯한 숨겨진 감각 처리 장애에 대해서는 16장에
서 다룬다(16장의 내용은 감각 처리 장애와 관련해 조직에 적절한 지원
을 요청하고 대안을 세우는 데 도움이 될 것이다).

　이제 책을 읽으며 바쁨에서 벗어날 준비를 하자. 우선 필
요한 것은 데이터다. 우리의 하루는 대체 어디로 사라지는 것
일까?

2장
실제 일하는 시간은
일주일에 3시간뿐이다

▷ 업무 수행에 실제로 드는 시간을 알고 있는가?

▷ 중요한 업무에 집중할 시간을 확보하기 위해 버려야 할 것은 무엇인가?

일 하나 끝내기가
왜 이렇게
어려울까?

바쁘게만 일하는 사람은 '조립라인에서 눈앞의 부품을 다음 단계로 분주히 옮기지만 유의미한 결과물은 만들지 못하는 프로세스 촉진자'다. 이에 반해 고성과자는 (카터 캐스트의 말을 인용하자면) '없던 것을 만들어내는 사람'이다. 나를 비롯한 커리어 코치들은 승진하려면 목표로 하는 직급만큼 업무에 책임을 져야 한다고 말한다. 기회가 찾아올 때까지 기다리지 말고 지금 나서서 잡으라고 강조하기도 한다. 코치들은 언제나 손을 번쩍 들고 눈에 띄는 곳에서 일하라고 조언한다.

이론적으로는 다 옳은 말이다. 그러나 누구도 이런 노력에 필요한 시간을 어떻게 확보해야 하는지 알려주지 않는다. 당신은 이미 한계치까지 일하고 있다. 근무시간을 더 늘리는 것은 답이 아니다. 물론 단기적으로는 일에 달려들어 씨름해야 할 때도 있고, 밤을 새우며 일해야 하는 순간도 있다. 이런 몰입은 우리에게 즐거움을 주기도 한다. 그러나 장기적으로 일하는 시간을 늘린다고 생산성이 높아진다는 증거는 없다. 또한 긴 근무시간과 성공 사이에는 직접적인 관계가 없다. 직장에서의 평가는 대부분 결과물의 양이 아닌 질을 바탕으로 이루어진다. 제일 늦게까지 남아 야근하는 사람이 승진하던 시대는 지난 지 오래다.

나는 기본적으로 시간을 팔아 돈을 번다. 보통 코칭 세션을 90~120분 진행하고 이에 대한 보수를 받는다. 그러나 세션 중간에 코칭을 받던 사람들이 깨달음을 얻으면 굳이 시간을 끌지 않고 마무리한다. 목적이 이미 달성되었기 때문이다. 시간을 팔아 돈을 번다고는 하지만, 내 고객은 내가 쓰는 시간이 아니라 그들의 생각을 정립하는 데 도움을 준 대가를 지불하는 것이다. 중요한 것은 가치다.

우리가 절대 무리한 요구를 하는 것이 아니다. 맡은 업무를 시간 내에 훌륭히 해내고 퇴근해 삶을 즐긴 후 다음 날 다시 활기차게 다시 출근하는 것. 그게 전부다.

우리에게
주어진 시간은
유한하다

지금까지 코치로 일하며 도무지 이해할 수 없는 경우를 많이 봤다. 너무나도 많은 이가 자신의 본래 업무에 더해 인력 부족으로 생긴 공백을 메우고, 그것도 모자라 병가를 낸 동료의 업무까지 떠맡고 있었다. 개중에는 회사에 잘 보이기 위해 각종 행사 준비위원회에 자원하는 사람도 있었다. 대체 하루가 몇 시간이기에 이게 가능하다고 생각하는 것일까? 시간은 유한하다.

회계감사 선임담당자인 잉그리드는 육아휴직을 마치고 직장에 복귀했다. 잉그리드의 근무일은 주 3일로 조정되었지만, 목표 근무시간은 휴직 이전 일주일에 5일을 근무할 때와 동일하게 책정되었다. 잉그리드는 경제학을 전공한 공인회계사였지만 아이러니하게도 자신의 근무시간은 꼼꼼히 계산하지 않았다. 아마도 복직이 가능한 것 자체에 '감사'해 껄끄러운 대화를 피했을 것이다. 회사는 헌신하는 직원을 알아주지 않는다. 한없이 당해도 참는 미련한 인내보다 확실하게 의견을 내고 협상하는 능력을 훨씬 더 가치 있게 여긴다.

처음 관리자로 승진한 초보 팀장의 근무시간이 급격히 늘어나는 경우는 흔하다. 업무 처리가 뛰어난 직원이 팀장으로 승진한다. 주변의 축하를 받는다. 승진과 동시에 초짜 신입 직원 한 두 명을 담당하게 된다. 회사에서는 승진만 시킬 뿐, 이 초보 팀장에게 업무를 분장하는 법이나 효율성 개선 방법을 따로 교육해주지는 않는다. 결국 팀장은 밀린 일을 처리하느라 늦은 시간까지 야근한다. 얼마 지나지 않아 아무리 열심히 해도 어차피 맡은 일을 전부 끝내는 것은 불가능하다는 체념에 빠진다.

선택과 집중이
중요하다

우선은 시간을 어떻게 활용하고 있는지 파악해야 한다. 당신이 일주일이라는 시간을 어떻게 쓰고 있는지 분석하지도 않고 일을 더 끼워 넣겠다고 하는 것은 허황된 꿈에 가깝다. 이제부터 주어진 시간에 무엇을 선택하고 무엇을 버려야 할지 살펴보자.

다음은 내가 사용하는 헤드 스페이스 모델head space model 이다. 이 계산법으로는 다음을 파악할 수 있다.

- 당신이 한 주에 하는 일
- 헤드 스페이스를 더 확보하기 위해 버려야 할 것

그림 1. 내 시간의 행방을 진단하기 위한 헤드 스페이스 계산법

　　헤드 스페이스는 커리어를 성공적으로 구축하는 데 꼭 필요한 시간과 공간을 의미한다. 새로운 프로젝트를 구상하고 전략적으로 사고하기 위해서는 자신의 업무를 차분히 돌아볼 시간이 필요하다.

　　새로운 것을 배우고, 커리어에 관한 대화로 관계를 구축하고, 탁월한 아이디어로 상을 받거나 신규 사업을 유치하는 것 모두 헤드 스페이스가 확보되어야 가능하다. 잠재적인 문제를 조기에 포착해 해결하고, 업무를 더 깊이 연구해 직무 전문가로서 전문성을 유지하는 것도 마찬가지다. 커리어의 판도를 바꿀 성과는 모두 헤드 스페이스에서 나온다. 그런 의미에서 헤드 스페이스는 가짜 바쁨의 정반대 개념이다.

● **가용 시간:** 일주일 중 업무에 사용할 수 있는 총 시간

● **핵심 업무 시간:** 직무의 핵심 업무를 수행하는 데 필요한 시간. 직장인이라면 자신의 주요 업무에 소요되는 시간을 구체적으로 파악하는 것이 바람직하다. 업무 인수인계 시 '발주서 입력 업무에는 90분가량 소요됨' 등 정보를 기재할 수 있다면 더욱 좋다.

그러나 시급으로 계약하는 직종이거나 근무시간 기록표를 작성하는 직종이 아니라면 이런 식으로 업무 시간을 따지는 일은 드물고, 그마저도 두루뭉술하게 계산하는 경우가 많다. 초시계까지 동원해 업무별로 필요한 시간을 기록했던 시간동작 연구time and motion study는 먼 과거의 일이 되었다(시간동작 연구와 테일러주의Taylorism에 대해서는 14장에서 더 설명한다).

● **요청 업무 시간:** '이것만 좀…' 하며 끼어드는 업무를 처리하는 데 드는 시간. 일주일을 기준으로 이런 업무에 들이는 시간을 어느 정도까지 허용할지 생각해봐야 한다.

● **일상적 사무 시간:** 잡다한 일에 쓰는 시간이 전부 여기에 포함된다. 회의가 늦게 시작되거나 늦게 끝나서 낭비되는 시간, 비밀번호를 찾거나 화상회의 일정을 조정하는 시간, 업무 메신저로 대화하는 시간, 프로세스 중복으로 낭비되는 시간, 그 외 모든 행정 업무에 쓰는 시간도 해당된다.

헤드 스페이스를 제대로 계산하려면 시간을 15분 단위로

나눠 2주 동안 기록해야 한다. 아래 그림은 헤드 스페이스 계산 예시다. 일주일 근무시간이 48시간이라고 생각해보자(퇴근 후 이메일 체크나 업무 프로그램 로그인, 주말 특근은 없다고 가정한다). 이 48시간 중 45시간은 이미 할 일이 정해져 있기 때문에 일주일에 헤드 스페이스로 쓸 수 있는 시간은 3시간뿐이다. 일을 더 떠맡겠다는 생각이 얼마나 허황된 것인지 알 수 있다.

다음 워크숍에서는 다같이 헤드 스페이스를 계산해보자. 팀 내에서 업무가 어떻게 분배되고 있는지 파악하고 과도한 업무를 받아 희생당하고 있는 구성원이 있는지 확인할 수 있는 기회다. 각자 계산한 후에 팀원들과 공유하는 것도 좋다. 이를 통해 업무 처리 속도를 개선해야 하는 구성원은 누구인지, 효율성이 높

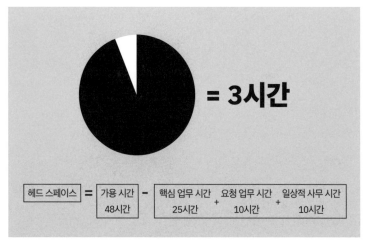

그림 2. 내 시간의 행방을 진단하기 위한 헤드 스페이스 계산법

아 더 많은 일을 떠맡고 있는 구성원이 누구인지도 알 수 있다. 목표는 업무 효율성을 최대한 끌어올려 더 많은 헤드 스페이스를 확보하는 것이다.

모든 직장인은 헤드 스페이스가 더 많이 필요하다. 거듭 강조하지만 근무시간을 늘리는 것은 해결책이 아니다. 물론 가끔은 근무시간을 늘릴 수 있고, 효과를 볼 수도 있겠지만 이는 어디까지나 예외적인 경우에 그쳐야 한다. 생산성을 높이기 위해서는 영향력이 가장 큰 업무를 선택해서 그것부터 수행해야 한다. 회사가 당신에게 월급을 준다고 해서 당신의 24시간을 소유한 것은 아니다. 업무에 대한 명확한 경계선을 긋는 것 또한 생산성을 높이는 방법이다.

2부에서는 이 모든 것을 실천하기 위한 구체적인 방법을 알아본다. 철저한 변화를 추구하는 것도 좋지만, 삶을 통째로 바꿀 준비가 되어 있지 않다면 우선 한 가지 방법을 몇 주 적용해 본 뒤 다음 단계로 넘어가기를 권한다.

2부
바쁨은 줄이고 성과는 높이는
11가지 솔루션

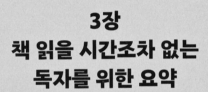

3장
책 읽을 시간조차 없는
독자를 위한 요약

　3장에서는 가짜 바쁨에서 벗어날 방법을 단계별로 요약해 소개한다. 한 단계씩 차근차근 실행에 옮기며 시간을 조금씩 확보하라. 각각의 방법에 대해서는 해당 장에서 자세히 설명한다. 정말로 시간이 없어서 이 책을 다 읽을 수 없다면 우선 요약본을 읽고 실천해 언젠가는 책 읽을 시간을 확보하길 바란다.

　우선, 일하는 방식은 우리가 통제할 수 있다는 사실을 기억하자. 가짜 바쁨의 희생자들은 늘 열심히 일하고 주변 사람들을 만족시켜야 한다는 강박에 시달린다. 그 강박에 맞추느라 자신의 행복과 성공에는 전혀 도움이 되지 않는 방식으로 일한다.

　직원 두 명이 같은 프로젝트를 진행하고 있다고 하자. 둘의 직책과 목표는 같다. 한 명은 사소한 세부 사항을 하나하나 확인하고 장문의 이메일을 보내느라 컴퓨터 앞에서 오랜 시간을 보낸다. 다른 한 명은 관련 담당자를 직접 찾아가거나 전화로 업무를 조율하며 빠르게 진행한다. 후자는 세부 사항을 살피기 전에 프로젝트의 결과를 전체적으로 예상해보고, 단계별 일정을 정해 관계자들의 협조를 구한다. 두 사람 모두 열심히 일하고자 하는 마음은 같다. 그러나 프로젝트를 더 성공적으로 진행하면서도 동료들에게 환영받는 쪽은 당연히 후자다. 전자는 피로와 스트레스에 시달리는 가짜 바쁨의 희생자다.

　많은 이가 전자와 후자 사이 어디쯤의 방식으로 일한다. 논리적으로 생각했을 때 전화가 효율적인 상황에서 습관적으로 다른 방법을 선택하기도 한다. 조직문화가 경직되어 있거나 관리자가 업무 절차를 복잡하게 만들어 바쁨을 부추기는 일도 부지기수다.

　가짜 바쁨에서 벗어나기 위한 단계를 하나씩 실천하면 효율적으로 일할 수 있다. 주변 분위기에 휩쓸리지 않고 업무를 처리할 수 있는 것이다. 당신이 조직문화에서 기인한 문제로 바쁘다고 해도 걱정할 것 없다. 주변 사람들에 대처하는 방법도 4부에서 소개한다. 조직 내 지위나 직급에 관계없이 당신의 행동과 성공, 에너지는 일에 치인 동료들에게 좋은 영향을 줄 것이다.

　다음은 2부에서 소개하는 구체적인 해결책들을 장별로 간략히 요약한 내용이다.

4장 시간을 배분하는 가장 중요한 기준

자신의 가치관을 파악하라. 당신은 가치관에 따라 시간을 보내고 있는가? 당신의 목표가 당신에게 동기를 부여하는가?

5장 게임체인저 업무를 구분하라

업무에서 상사가 당신에게 기대하는 것을 알면 시간과 주의력을 어디에 어떻게 집중해야 할지 명확해진다. 자신의 급여에 걸맞은, 또는 그 이상의 성과를 내야 한다. 모든 일을 다 할 수 없다는 사실을 인정하고, 눈에 보이는 변화를 만들 수 있는 중요 업무에 우선순위를 두어야 한다. 직무에서 요구하는 핵심 업무에만 집중한다고 해서 해고되는 경우는 없다.

6장 맡은 일을 반드시 끝내는 4단계 실행법

중요한 일을 우선순위에 두고 나머지는 가차 없이 정리해야 한다. 사자는 영양을 사냥할 때 작은 들쥐에는 눈길도 주지 않는다. 이메일 정리, 일상적 사무, 무의미한 회의 등 쉽게 처리할 수 있지만 가치가 낮은 업무는 과감히 무시하라. 일정표에 우선순위가 높은 업무에 필요한 시간을 먼저 기입하라. 업무 시작 시간을 명확히 정해놓으면 미루지 않고 일을 처리할 수 있다. 중요한 일에 쓸 시간을 확보한 후 자잘하지만 긴급한 업무를 나머지 시간에 배치하면 효율성을 높일 수 있다.

7장 우리는 멀티태스킹의 피해자들이다

멀티태스킹은 업무 속도를 늦춘다. 뇌는 한 번에 중요한 작업 하나에만 집중할 수 있다. 우리는 멀티태스킹을 하며 여러 가지 일을 동시에 처리한다고 생각하지만, 실상은 이 작업 저 작업을 바꿔가며 산만하게 일할 뿐이다.

한 작업을 하다 이전 작업으로 돌아가면 어디까지 일했는지 생각해내느라 매번 시간을 낭비한다. 멀티태스킹은 동료들의 업무도 방해한다. 일할 때는 우선순위를 정하고, 가장 중요한 업무를 완료한 뒤에 다음 업무로 넘어가자.

8장 몰입 근무 시간대 설정하기

하루에 1시간 30분에서 2시간가량 방해받지 않는 몰입 근무를 목표로 하라. 고도의 집중력이 발휘되는 몰입 상태에서는 생산성이 높아지며 강렬한 쾌감 물질이 분비된다. 구성원을 위한 몰입 근무시간 확보는 직장에서 제공할 수 있는 가장 저렴하면서도 효과적인 복지 정책이다. 몰입 근무시간을 미리 정하고 일단 시작해보자. 일할 기분이 들지 않아도 무조건 시작하라. 몰입이 시작되면 기분은 자연스럽게 따라온다.

9장 쓸데없는 회의를 피하는 법

회의가 너무 잦으면 생산성이 떨어진다. 굳이 참석하지 않아도 될 회의에 들어가서 '이 회의가 없었으면 이러이러한 일을 했을 텐데'라고 말하는 것보다 실제로 그 일을 하는 편이 훨씬 생산적이다.

회의를 진행할 때는 미리 정한 안건에서 벗어나지 않도록 하자. 꼭 참석해야 하는 회의는 철저하게 준비해 효과를 극대화하는 것이 좋다. 회의는 결정을 내리거나 문제를 파악하기 위한 자리여야 한다. 회의 기록을 돌아보며 과연 그래왔는지 평가해보자.

10장 이메일에 바로 회신하지 않아도 된다

우리는 모든 일에 핸드폰을 일상적으로 사용하면서 정작 대화를 위해서는 쓰지 않는다. 이메일은 문서 공유, 확인, 대화 내용 요약이라는 본래의 목적에만 활용하자. 진정한 관계는 대화와 경청을 통해 형성된다. 이메일 소통이 꼬여 악화되었던 문제가 대화를 통해 쉽게 풀리는 사례는 많다. 이메일을 어떤 방식으로 활용할지 팀원들과 상의하고 공통의 규칙을 정하면 좋다.

11장 업무 방해자들을 물리치는 법

급하게 들어오는 업무 요청을 거절하고 자신만의 적정선을 설정하라. 거절은 무례한 것이 아니다. 다른 사람의 비효율을 해결하느라 당신의 중요 업무를 희생할 필요는 없다. 상대가 필요한 것이 있는지 정기적으로 확인하고 업무 요청 가능 시간을 미리 알려주면 업무 흐름이 끊기는 것을 방지할 수 있다. 물론 이 일정 또한 당신에게 방해가 되지 않도록 핵심 업무 수행 시간을 최대한 피해서 배치해야 한다. 업무를 급하게 요청하는 경우가 잦은 사람이 있다면 앞으로의 일정과 필요 사항을 미리 체크하고 당신의 우선순위에 맞게 작업을 제어하자.

12장 당신은 매일 1시간씩 잃어버리고 있다

좋아하는 앱에 낭비하고 있는 시간이 얼마나 되는지 자각해야 한다. 현대인에게는 디지털 자기 방어가 필요하다. 소셜미디어를 비롯한 각종 앱에 소비하는 시간을 측정해보라. 알고리즘의 힘 앞에 인간의 의지는 미약할 수밖에 없으니 집중이 필요할 때는 핸드폰을 치워두는 것이 좋다.

13장 단순하지만 강력한 업무 스케줄 관리법

할 일 목록을 작성하고 실천하면 상황이 명쾌해진다. 종이로 작성하든 컴퓨터로 작성하든 상관없다. 중요한 것은 할 일 목록을 활용해 일을 미루지 않고 선택지를 제한하는 것이다. 리스트에 적힌 일을 끝낼 때마다 분비되는 도파민을 즐기다 보면 중요한 일을 점점 더 많이 완수하게 될 것이다.

14장 잘하는 것보다 끝내는 것이 중요하다

아마도 당신은 남들보다 열심히 일하고 모든 일을 완벽하게 해낸 덕에 지금의 자리에 섰을 것이다. 그렇게 보상을 받고 승진한 당신은 늘 자신이 세운 터무니없이 높은 기준을 충족해야 한다는 생각을 갖게 되었을 것이다. 그러나 책무가 늘어나면 맡은 일을 전부 완벽하게 해낼 수 없다. 대개의 업무는 적당한 수준으로 처리해도 무방하다. 완벽에 대한 집착은 본인은 물론 주변 사람에게도 스트레스를 준다. 물론 완벽을 요하는 업무도 있지만, 어떻게든 처리하는 것이 더 중요한 업무도 많다. 당신이 속한 업계에서 성공한 사람들을 보자. 디테일을 다듬는 데 집착하기보다 네트워크를 구축하는 데 많은 시간을 쓰고 있을 것이다.

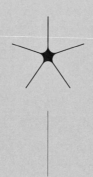

4장
시간을 배분하는 가장 중요한 기준

▷ 인생의 목표가 무엇인가?

▷ 그 목표를 따라 시간을 쓰고 있는가?

▷ 어떠한 유산을 남기고 싶은가?

우리가 하루를 보내는 방식은 평생을 보내는 방식과 같다.

—애니 딜러드Annie Dillard, 《작가살이》

　우리가 종일 하는 모든 것이 우리를 만든다. 그러므로 시간을 소비할 때는 중요하게 생각하는 것들을 늘 염두에 두어야 한다. 이는 뻔하고 오글거리는 표어가 아니다. 쓸데없이 바쁜 일을 정리하고 성과를 내고자 하는 모든 노력에 반드시 필요한 조언이다.

　코칭할 때도 마찬가지다. 나를 찾은 직장인들은 자신이 원하는 바를 명확히 알게 되자 하루를 보낼 때 집중해야 하는 일과 중단해야 하는 일을 자연스럽게 파악했다.

당신에게
가장 중요한 것은
무엇인가?

가치관은 업무와 커리어, 그리고 삶에 대한 의사결정을 내릴 때 길을 알려주는 내비게이션이자 원칙이다. 가치관을 명확히 파악하면 우선순위 또한 선명해진다. 가치관은 성실, 지속가능성 등의 신념일 수도 있고, 다음과 같이 구체적인 선호로 나타날 수도 있다.

- 일주일에 출근하는 날이 최대 3일이었으면 좋겠다.
- 내게는 가족이 가장 중요하다. 일주일에 최소 두 번은 가족과 함께 저녁을 먹고 싶다.
- 업무에 내 언어 능력을 반드시 활용하고 싶다.
- 승진 후에는 관리업무를 더 맡아야 하지만, 환자들을 직접 진료하는 것이 내게는 더 보람차다.
- 갚아야 할 대출금이 있으므로 상환이 끝날 때까지 삶의 다른 영역은 조금 양보할 것이다.

가치관 파악하기

나에게 가장 중요한 가치 다섯 가지를 적어보자.

1. _____

2. _____

3. _____

4. _____

5. _____

위의 질문을 읽고 마음속에 순간적으로 떠오른 이미지를 포착해보자. 가족의 얼굴, 깔끔하게 정리된 스프레드시트, 의욕적인 회의, 헬스장, 고객의 만족스러운 피드백 등 다양한 이미지가 떠올랐을 것이다. 도서관, 탁 트인 길을 가르며 달리는 자전거, 연구실에서 실험하는 모습, 친한 친구와의 만남 등 학창 시절에 즐기던 것들이 떠올랐을 수도 있다. 뇌의 정서적인 부분이 보낸 응답에 귀 기울여보자.

_____

_____

_____

_____

_____

당신은 가치관에 따라 시간을 보내고 있는가? 각각의 항목에 점수를 매겨보자. 다른 사람에게 평가를 부탁하는 것도 괜찮다. 다른 사람들이 생각하는 당신의 동기부여 요소는 무엇인가?

1.

2.

3.

4.

5.

마음에서 우러나오는 솔직한 대답을 통해 자신이 인생에서 정말 중요하게 생각하는 것을 알아보자. 자신이 추구하는 가치를 파악하고 나면 지금 겪고 있는 바쁨을 멈춰야 할 이유를 명확히 알 수 있다. 현재 살고 있는 방식이 당신의 가치관과 괴리되어 있다면, 외적으로 아무리 성공을 거두어도 항상 무엇인가 잘못되었다는 느낌을 떨칠 수 없다. 늘 마음 한구석이 빈 것 같은 공허함이 남는 것이다.

중요한 곳에 시간을 쓰고 있는가?

대규모 팀을 관리하는 것보다 지적인 도전이나 혁신을 더 중요하게 생각하는 사람이라면 역할 조정을 통해 혁신 관련 업무에 더 많은 시간을 할애해보자. 관리업무에서 잠시 물러나 창의력을 적극 활용할 수 있는 전략 프로젝트에 자원하는 것이다. 새로운 문화에 대한 호기심이 많지만 해외 출장 기회가 별로 없다면 다양한 문화적 배경을 지닌 동료들과 교류하는 것도 방법이다. 해외 고객이나 국제적인 프로젝트를 찾는 것도 좋다. 이루고자 하는 목표가 있을 때는 어딘가에 적어두어야 실현할 수 있다.

건강을 중요하게 생각하는데 운동할 시간을 낼 수 없을

때, 가족이 우선순위에 있는데 같이 보낼 시간이 없을 때도 주어
진 상황에서 가치관에 따라 행동할 방법을 찾아야 한다. 한편 관
리자로서 친절을 우선 가치로 여긴다고 해놓고 팀워크 개발을 막
거나 회의에서 팀원들의 말을 끊는다면 진정성은 의심받을 수밖
에 없다.

　　동료와 소통하는 짧은 시간을 아낄 게 아니라 내가 낭비하
는 굵직한 시간을 아껴라. 동료와 소통할 때 드는 몇 분을 줄이려
고 해서는 안 된다. 시간을 들여 전화를 걸고, 대화하라. 어떤 일
을 하고 있는지, 문제나 고민은 없는지 안부를 물어라. 커리어 개
발과 네트워크 구축의 핵심에는 사회적 연결이 있다. 더구나 사
회적 교류는 우리를 더 행복하게 만든다. 외향적이지 않더라도
시간을 투자해 사람을 알아가는 것은 중요하다.

　　낭비되는 시간을 훨씬 더 많이 절약할 수 있는 곳은 따로
있다. 소셜미디어나 뉴스피드, 영양가 없는 TV 방송을 보는 시간
이나 무의미한 회의에 앉아 있는 시간만 줄여도 훨씬 많은 시간
을 확보할 수 있다.

　　1분 1초를 아끼겠다고 《이상한 나라의 앨리스》에 나오는
토끼처럼 바쁘 돌아다니다가 뚜렷한 의제도 없이 장황하게 이어
지는 회의에 몇 시간을 허비하면 대체 무슨 소용인가? 동료를 알
아가는 대화를 몇 분을 줄이는 것보다 회의에서 낭비되는 몇 시
간을 아껴 소중하게 사용하는 것이 성공을 위한 길이다.

성장 마인드셋이
변화를 불러온다

부하직원들에게 매우 부정적인 피드백을 받은 관리자를 코칭한 적이 있다. 클라라는 한 제약회사에 신설된 구매팀 총괄 임원으로 합류했다. 관리자로서 그녀가 이끌게 된 팀은 분리되어 있다가 하나로 합쳐진 큰 팀이었다. 새로 들어간 조직에서 빠른 시일 내에 신임을 얻고 싶었던 클라라는 팀 내에서 역량을 구축하는 것보다 외부 이해관계자와 시간을 보내는 데 집중했다.

다면평가에서 팀원들이 내놓은 피드백은 처참했다. 기업에서 평가를 진행하면 직원들은 보통 조심한다. 괜히 상사나 관리자의 기분을 상하게 해서 불이익을 받을까 부정적인 감정은 간접적으로만 드러내기 마련이다. 그래서 실제 상황을 파악하려면 행간의 의미를 읽어야만 하는 경우도 많다. 그러나 클라라의 경우는 달랐다. 더 이상 잃을 게 없다고 생각했던 팀원들은 부정적인 피드백을 가차 없이 쏟아냈다.

한 팀원은 사무실에서 클라라의 얼굴을 보기가 너무 힘들다며 불만을 토로했다. 클라라는 이 팀원과 잡은 일대일 면담을 빈번히 미루고 새 일정을 잡는 것도 꺼려했다. 결과적으로 이 팀원은 원하는 성과를 낼 수 없었고, 상황을 개선할 방법도 찾지 못했다. 또 다른 팀원은 어렵사리 회의를 잡았지만 클라라가 팀원의 말을 제대로 듣지 않고 계속 끼어들었고, 마음이 딴 데 가있는 사람처럼 어서 끝내자고 눈치를 주기도 했다.

　　팀원들의 피드백을 받은 클라라는 당혹스러워했다. 클라라는 모든 사람을 만족시켜야 한다는 욕구를 가진 사람이었다. 그런데 정작 가장 중요한 사람들, 자신이 관리하는 팀의 구성원들을 전혀 만족시키지 못했던 것이다. 팀원들이 클라라를 먼 존재로 느끼는 상황에서 외부 관계자들과 전략적 파트너십을 구축하고 팀의 신뢰를 높이기 위해 외부 활동을 하는 것은 무의미했다. 팀원들과 클라라 사이에는 같은 팀으로서 인간적인 관계가 전혀 형성되지 않았다. 한 팀원은 클라라에 대한 피드백에서 '이기적'이라는 표현을 사용하기까지 했다. 새로운 조직으로 옮기며 상사에게 아무런 지원을 받지 못한 것은 클라라도 마찬가지였다. 클라라는 별다른 문제가 없는 한 각자 알아서 일하게 놔두는 것이 조직의 문화라고 생각했다. 조직문화에 의문을 품지 않은 것이다.

　　다행히도 클라라는 자신의 과오를 깨달은 후 커리어에서 엄청난 진전을 이루었다. 성공보다는 실패를 통해 배우는 많은 이들처럼 클라라 또한 자신의 실패를 교훈으로 삼았다. 클라라 앞에는 두 가지 길이 있었다. 부정적인 피드백을 받은 순간 관리직을 포기하고 보고가 적은 구매 직무 전문가로 전환을 꾀할 수 있었지만, 그녀는 그러지 않았다. 리더로 성장하고 싶었던 클라라는 자신이 원하는 것에 집중했다. 일하는 방식을 완전히 바꿔 팀 구성원들의 이야기를 듣고, 그들에게 배우려는 노력을 아끼지 않았다.

사고방식을 바꿔 잠재력을 극대화하라. 나 같은 코치들은 배움과 성장에 열려 있는 클라라 같은 사람들을 보면 의지가 불타오른다. 이들은 자신의 현재 역량을 뛰어넘기 위해 기꺼이 노력한다. 그 과정에서 가끔 실수도 저지르지만 그 실수는 교훈이 된다. 이런 마음가짐을 성장 마인드셋growth mindset이라고 한다. 인간의 능력에 제한이 없으며 끈기와 노력을 통해 나아질 수 있다고 믿는 태도다. 성장 마인드셋을 가진 사람들은 중요한 것을 얻기 위해 계속 노력한다. 물론 그 과정에서 어려움을 겪기도 하지만 조금씩 앞으로 나아가며 필요한 것을 배우고 개선해나간다.

뛰어난 연구 성과로 여러 차례 수상한 경력이 있는 스탠퍼드대학교 캐럴 드웩Carol Dweck 교수는 《마인드셋》이라는 획기적인 책을 썼다. 그에 따르면 성장 마인드셋을 지닌 아이들은 자신이 더 똑똑해질 수 있으며, 지능을 발전시킬 수 있다고 믿는다. 그러나 고정 마인드셋fixed mindset을 지닌 아이들은 타고난 재능을 바꿀 수 없다고 생각한다. 이 아이들에게 실패는 실수로부터 배울 기회가 아니라 자신의 한계를 보여주는 증거다. 그렇기 때문에 새로운 것에 도전하는 대신 같은 일을 반복하며 자기효능감을 강화한다. 난이도가 높은 퍼즐에 도전하지 않고 방금 풀었던 쉬운 퍼즐을 반복하는 것이다. 자기가 못한다고 생각하는 과목은 포기한다.

드웩 교수는 성장 마인드셋 훈련을 통해 아이들이 스스로 지능을 향상시킬 수 있다고 믿게끔 변화시켰다. 그 결과, 아이들은 훈련 전에는 포기했던 수학 문제를 더 오래 붙잡고 고민하며 풀려고 노력하는 모습을 보였다.

마인드셋과 성과의 관계는 어떨까? 고정 마인드셋을 지닌 사람은 자신이 받았던 평가를 유지하는 정도의 업무만 반복해서 수행한다. 무엇인가를 바쁘게 하지만 실질적인 성과로 이어지지 못한다. 비유하자면, 바퀴의 무게를 낮게 맞추고 부하를 받지 않으며 실내 자전거를 타는 셈이다. 열심히 하는 것처럼 보이지만 실제 운동 효과는 거의 없는 것과 같다.

성장 마인드셋을 가진 이들은 실질적인 변화를 불러일으키는 일에 도전한다. 이들은 자신의 진짜 우선순위를 알고 있으며, 곧바로 실행에 옮긴다. 또한 몰입해 일할 수 있는 시간을 확보한다. 고정 마인드셋을 가진 사람들은 불필요한 행동을 반복하며 바빠 보이도록 일한다. 성장 마인드셋을 지닌 이들은 불필요한 바쁨으로 자신의 장래를 망치지 않는다. 이들은 위험을 기꺼이 감수하며, 업계에서 불가능하다고 여겼던 과감한 시도로 판도를 바꾸고자 노력한다.

성장 마인드셋은 생산성을 획기적으로 향상시킨다. 고정

마인드셋에 머물면 불필요한 잡무의 늪에 빠져 허우적대거나 자
신의 연봉과 직무에 걸맞지 않은 업무를 반복하며 안전지대에만
머물게 된다.

모험을
기피하는 성격인가?

위험을 무릅쓴 도전과 실험이 바람직하지 않은 경우도 있
다. 비즈니스 세계에서는 안전지대 안에 머무르는 것이 더 큰 성
과를 보장하기도 한다. 그러니 안전지대라고 부르는 것 아니겠는
가? 그러나 안전이 늘 최선은 아니다. 조직은 창의성과 혁신에서
경쟁력을 얻는다. 조직은 시도할 준비가 된 사람, 다르게 행동할
수 있는 사람, 신중하게 계산하고 리스크를 감수할 준비가 된 사
람, 즉 성장 마인드셋을 지닌 인재를 필요로 한다.

채용 담당자는 마인드셋의 차이를 단번에 알아본다. 성장
마인드셋을 지닌 사람은 새로운 직책을 제안받으면 관심을 보이
며 정보를 요청한다. 고정 마인드셋을 지닌 사람은 준비가 되지
않았다며 직무에 필요한 기술을 전부 갖추려면 1년은 걸릴 테니
그때 다시 연락달라고 한다. 새로운 일에 적응하고 성장하며 겪
게 될 어려움을 견딜 생각이 없는 것이다. 이들은 할 수 있는 것이

아닌 할 수 없는 것을 생각한다. 안전을 위해 기회를 포기한다. 그러나 안전을 지키려는 행동은 종종 정반대의 결과를 낳는다. 지금껏 기업들이 채용을 진행하며 내놓은 수많은 공고에서 '모험을 기피하는 성격'을 우대한다는 내용은 본 적이 없다(안전이 중요한 직무에는 중요한 덕목일 수도 있겠다).

잘못된 목표에
집착하고 있지는 않은가?

시간 소비 방식은 늘 당신의 개인적·직업적 목표를 반영하고 있어야 한다. 그 목표들 간의 우선순위도 명확해야 한다. 바로 이것이 이 책의 핵심이자 모든 경영 코칭의 근본이다.

대부분의 코치들은 존 휘트모어John Whitmore의 그로GROW 모델을 활용한다. 'GROW'는 목표goal, 현상reality, 대안options, 의지will의 앞 글자를 딴 것으로, 각각 원하는 것, 현재의 상황, 변화를 방해할 수 있는 요소, 변화를 원하는 마음을 의미한다. 코칭을 받는 사람들이 1단계에서 '올바른' 목표를 파악하고 나면 나머지 단계는 자연스럽게 흘러간다. 목표를 설정할 때 기억해야 할 사항이 있다. 너무 경직된 목표는 곤란하다는 점이다. 목표가 고정되어 있을 경우, 계획에 없었던 좋은 기회가 우연히 나타나도 놓칠 수 있다.

경제학자 콜린 캐머러Colin Camerer의 연구는 경직된 목표
의 부작용을 잘 보여준다. 캐머러는 비 오는 날 뉴욕에서 택시를
잡기 어려운 이유를 분석하는 연구를 진행했다. 이유는 뻔해 보
였다. 비가 오면 택시 수요는 급증하고 공급은 줄어들기 때문이
다. 그런데 또 다른 이유가 밝혀졌다. 캐머러의 연구팀은 비가 오
면 택시기사들이 하루 목표 수입을 금방 달성해 평소보다 일찍
영업을 마친다는 사실을 알아냈다. 뉴욕의 택시기사들은 대개 일
정한 비용을 내고 12시간 단위로 차를 임대해 운행한다. 대부분
은 목표 수입을 차량 임대비용의 2배로 잡는데, 비가 오면 손님이
많아 목표를 일찍 달성하는 것이다. 이들은 돈을 더 버는 것보다
원래의 목표를 고수해 목표액을 달성하면 곧장 퇴근했다. 불확실
하지만 추가적인 수입을 올릴 수 있는 기회를 잡기보다 규칙적인
일일 목표 달성을 더 선호한 것이다. 고정 마인드셋이다.

항상 목표를 재점검하고 유연성을 유지하라. 내가 지금까
지 만난 이들 중 성공한 사람들이 지닌 공통점이 있다. 새로운 시
도를 두려워하지 않고, 도중에 중단하는 것 또한 마다하지 않는
다. 어떤 상황에도 과감하고 유연하게 접근한다. 물론 이들도 목
표와 목적을 설정한다. 비즈니스 세계에서 목표도 목적도 없이
일하는 것은 말이 안 된다. 그러나 이들은 자신이 하는 일에 진심
으로 최선을 다하고, 그 최선이 닿을 수 있는 한계를 시험한 후 더

나은 결과를 얻기 위해 필요하다고 판단되면 주저 없이 방향을 전환한다.

이들은 도착지를 알 수 없다는 불확실성을 잘 견딘다. 그리고 자신이 가는 방향이 옳은 방향인지, 자신이 지금 최선을 다하고 있는지를 예민하게 감지한다. 이들에게 동기를 부여하는 것은 가치와 느낌이다. 스스로 '지금 가는 길이 옳다고 느껴지는가?'라는 질문을 던지고 만약 그렇지 않다면 과감하게 방향을 180도 바꾼다.

저널리스트 올리버 버크먼Oliver Burkeman의 표현을 빌리면 그들이 찾는 것은 다음 발을 내디딜 확고한 기반이다. 성장 마인드셋을 가진 사람들은 정해진 길에 구애받지 않고 우선 다음 지점까지 도달한 후, 특별한 것을 만들어내기 위한 길을 다시 떠난다. 이들에게 중요한 것은 옳은 결과물을 향해 나아가는 것뿐이다. 그 과정에서 생기는 작은 부침은 이들에게 영향을 주지 않는다.

한 가지 유념할 것은 내가 일하면서 만난 사람 대다수가 기업에 다니는 지식노동자라는 점이다. 이들이 하는 일은 모든 것이 정확하게 맞아떨어져야 하는, 이를테면 정밀 장비 수리와는 다르다. 기업의 지식노동자는 엄격한 단기 목표보다 거시적이고 더 중요한 일에 집중한다.

약간의 리스크가 있지만 큰 매출을 올릴 수 있는 일과 쉽고 안전하지만 작은 매출을 올릴 수 있는 일 중 어느 쪽을 택해야 할까? 고대 그리스의 스토아 철학을 적용해보자. 최악의 상황을 예상하도록 훈련했던 스토아 철학자들처럼 이들도 최악의 상황을 미리 그려본다. 리스크로 인해 발생할 수 있는 최악의 상황은 무엇인가? 그런 상황이 발생했을 때 대처 방안은 무엇인가? 질문에 답하다 보면 최악의 시나리오라고 생각했던 상황에도 대체로 충분히 대처할 수 있다는 사실을 깨닫게 된다.

유연한 성장 마인드셋을 선택하는 사람은 고개를 들고 주변을 둘러볼 줄 안다. 가짜 바쁨에 빠진 사람은 자잘한 세부 사항에 파묻혀 자신이 어디로 가는지, 왜 그곳으로 가는지 차분히 생각하지 못한다. 앞서 소개한 사례와 같이 이는 불행한 결과로 이어질 수 있다.

지금까지 우리는 자신에게 중요한 것들을 살펴봤다. 5장에서는 다른 사람에게 효과적으로 기여할 수 있는 방법을 알아볼 것이다.

당신의 목표는 최선인가?

잘못 세운 목표는 우리를 막다른 골목으로 인도한다. 또한 단기 목표에만 집중하다 보면 전체적인 방향과 큰 그림을 놓칠 수도 있다. 목표를 세운 후에는 그것이 잠재력을 실현하고 원하는 것을 얻기 위한 최선의 방법인지 질문을 던져보자. 이것이 최선인가? 그렇지 않아도 피곤한 삶에서 더 쉽고 빠른 길이 있다면 그것이 최선이다.

목표 실현을 위해서는 어떤 도움과 지원이 필요한가?

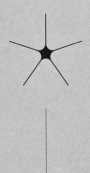

5장
게임체인저 업무를 구분하라

▷ 당신의 업무는 어떤 기준으로 평가되는가?

▷ 관리자가 중요하게 생각하는 현안은 무엇이며
　당신은 어떻게 기여하고 있는가?

▷ 주요 이해관계자는 누구인가? 영향력이 가장 큰 사람은 누구인가?

▷ 조직의 최고위직에 있는 사람들은 어떻게 지금의 자리에 올랐는가?
　이를 통해 파악할 수 있는 조직문화는 무엇인가?

성과 평가 기준을 파악하면 업무의 우선순위를 결정하고 생산성을 올리기 한결 쉬워진다. 직장인이라면 조직이 자신에게 무엇을 기대하는지 당연히 알고 있어야 한다. 하지만 조직의 기대는 끊임없이 변화해 명확하지 않은 경우가 많다. 그래서인지 강연을 나가서 청중에게 자신의 평가 기준을 정확히 알고 있는지 물으면 보통 절반 정도만 그렇다고 답한다. 나머지 절반은 실패의 위험에 놓여 있다는 뜻이다.

업무 평가 기준을
명확하게 알아야 한다

예전에 채용 대행사를 운영한 적이 있다. 당시 나는 채용 담당자들에게 지원자와 기업의 매칭 성공 여부는 직무 설명이 얼마나 정확한지에 달려 있다고 강조했다. 채용 후 문제가 발생해 합격했던 지원자가 퇴사하는 일이 가끔 있었는데, 십중팔구는 불확실한 직무 설명 때문이었다. 기업이 원하는 바를 명시하지 않으니 채용된 직원은 그 기대를 충족할 수 없다. 그런 식이라면 지원자에게 독심술이라는 역량을 요구해야 할 판이다.

신규 입사자들은 회사가 채용공고에 써놓은 업무를 다 해내려고 고군분투한다. 그러나 그것은 불가능하다. 역량을 집중해야 할 곳은 '직무 소개'의 첫 줄이다. 여기에 명시된 일에 집중하면 채용공고 뒷장 끄트머리에 적힌 사소한 사항은 못 챙겨도 상관없다.

하지만 안타깝게도 인사팀에서는 오래전에 작성해둔 채용공고를 그대로 사용하는 경우가 많다. 이런 일이 거듭될수록 직무 설명은 장황해진다. 물론 채용공고에 적힌 각종 업무를 언젠가 할 수도 있으니 공고에 넣어도 되지만, 그런 방식으로는 진짜 중요한 업무를 강조하기 힘들다. 면접을 진행하며 지원자에게 중요한 직무를 따로 언급할 수 있지만, 입사 시점에는 또 달라질 수 있다. 상황도 사람도 끊임없이 변화하기 때문이다.

기업이 직무에서 정말 중요하게 여기는 역량을 일부러 감추면 혼란은 가중된다. 한 기업에서 고객 서비스 담당자 채용공고를 냈다고 하자. 고객 상담 중 상품을 추가로 판매했을 때만 성과급이 발생한다고 적었지만, 영업이 필수라는 사실은 공고에 굳이 밝히지 않는다. 채용되면 바로 껄끄러운 팀 개편 작업에 착수해야 할 관리직을 뽑을 때도 면접에서 굳이 그런 이야기를 꺼내지는 않는다.

회사생활을 하다 보면 여러 상사의 지시를 동시에 받는 경우가 꽤 흔하다. 문제는 서로의 지시가 충돌할 때 발생한다. 이런 경우에는 커리어에 가장 큰 영향을 주는 사람이 누구인지 파악해 대처해야 한다.

이렇듯 회사의 기대와 업무 평가에는 모호성이 발생할 여지가 많다. 그러므로 평가 기준을 제대로 파악할 수 있도록 구체적인 질문을 던져야 한다. 더 명확히 파악하고 싶다면 상사와 약 6개월마다 한 번씩 이에 대한 대화를 나누는 것도 좋다. 면담에서는 다음과 같은 질문을 던져보자.

- 제 업무 중에 가장 중요한 것은 무엇입니까?
- 제가 일을 제대로 하고 있는지 어떻게 알 수 있습니까?
- 승진하려면 어떤 역량을 채워야 합니까?
- 팀장님이 저라면 어디에 우선순위를 두시겠습니까?
- 추가 프로젝트를 많이 맡았는데 6개월 동안 어디에 집중하는 것이 좋을까요?
- 1년 후 제일 잘 뽑은 직원이 저라는 평가를 들으려면 무엇을 성취해야 할까요?

스스로에게는 이렇게 물어보자. 2년 후 내 커리어를 돌아 봤을 때 실패했다고 느껴진다면 어떤 부분을 잘못한 결과일까? 평가 기준을 파악하면 어디에 우선순위를 둬야 할지 알 수 있다.

다음 단계는 부가가치가 가장 큰 업무를 선택하는 것이다. 그러기 위해서는 당신의 핵심 역량이나 목표와 동떨어진 가치가 낮은 업무와 주변에서 요청한 업무부터 줄여야 한다.

바쁨의 안정감을 즐기고 있지는 않은가?

나는 팀 페리스Tim Ferris의 책을 좋아한다. 코칭 대상자에 게도《나는 4시간만 일한다》를 한 권씩 나눠준다. 가치가 가장 높은 업무를 파악하고 거기에 시간을 집중하는 데 도움이 되기 때문이다.

우리는 주어진 시간으로 무엇을 하고 있을까? 무엇을 하느라 그 시간을 최대한 가치 있게 쓰지 못하는 것일까? 팀 페리스의 책을 읽고 나는 미치도록 바쁘게 살아왔던 지난 삶과 커리어를 돌아보았다.

나는 공허하게 바쁘기만 한 사람이 되고 싶지 않았고, 아등바등 살다가 은퇴 후에야 진정 원하던 삶을 살고 싶지도 않았다. 일주일에 4시간만 일하며 사는 것은 불가능에 가깝다. 아마 팀 페리스도 그렇게 하지는 못했을 것이다. 혹자는 그가 꿈을 찾는 중산층 사무직 노동자들의 공허함을 파고들어 인기를 끈 것뿐이라며 비판하기도 했다. 하지만 꿈을 찾는 것이 잘못인가? '4시간 근무'라는 팀 페리스의 대담한 제안이 우리의 시간 소비 방식에 제기하는 의문은 충분히 타당하다. 이 책이 주장하는 두 가지 핵심 원칙은 다음과 같다.

- 오래 걸리는 일이 중요한 일은 아니다.
- 시간을 많이 들인다고 중요해지는 것도 아니다.

둘 다 당연한 말이지만 우리는 이런 근본적인 오류에 빠지곤 한다. 아이들이 애착 담요에서 안정감을 느끼듯 바쁨이 주는 안정감을 좋아하는 사람들도 있다.

조직 생활은 종종 '내가 당신보다 바쁘다' 같은 경쟁적인 태도를 조장하기도 한다. 내가 코칭했던 한 CEO는 일에 치여 극심한 스트레스에 시달리는 직원에게 "여기 지금 안 바쁜 사람 있어? 그냥 해"라고 말해 문제가 되기도 했다. 이 에피소드에서 짐작할 수 있겠지만 그의 곁에는 직원이 남아나지 않았다(직장에서 이와 비슷한 경험을 했다면 23장의 직장 내 괴롭힘 내용을 읽고 대처하자).

커리어 초기에 시급으로 보수를 받는 직종에서 일했다면 그 틀에서 벗어나기가 쉽지 않을 것이다. 지금까지 일한 시간에 따라 보수를 받았는데 갑자기 '이 일을 가장 빠르게 끝낼 수 있는 최선의 방법은 무엇일까?' 혹은 '다음에는 어떻게 하면 시간을 줄일 수 있을까?'라는 식으로 생각을 전환하기는 어렵다. 중간에 휴식 시간을 넣으면 잘못하는 기분이 들어 괜히 찔린다. 그러나 이는 구시대적 사고방식이다. 현대인에게 개인의 삶은 중요하다. 우리는 일로만 정의되는 것을 원치 않는다.

- 당신은 무엇으로 알려지고 싶은가?
- 탁월한 성과를 내는 사람이 현재 당신의 자리에 앉는다면 무엇부터 할 것 같은가?

나는 프리랜서다. 그리고 감사하게도 내가 사랑하는 일을 하고 있다. 팀 페리스는 부유한 테크 분야 사업가이자 투자가다. 사실 조직에 속한 직장인은 대체로 자신이 맡을 업무를 고르지 못한다. 하지도 못할 일을 해결책이라고 내놓으니 짜증스럽거나 무력감을 느끼고 있을지도 모르겠다. 조금만 더 참고 읽어주기 바란다.

코치로서 나의 역할은 사람들이 보지 못하는 부분을 찾아주고, 그들의 사고방식과 행동을 스스로 더 잘 인식할 수 있도록 돕는 것이다. 그런 후에는 통제할 수 있는 요소들은 바꿀 수 있다는 믿음을 준다. 현재 업무 중에서 당신이 통제할 수 있는 부분은 무엇인가?

이런 시도를 해볼 수 있다. 매주 당신의 보고서를 읽는 상사에게 어떤 부분이 가장 흥미로웠는지 묻고 보고서를 어떻게 작성하면 '읽는 입장에서' 더 간결하고 잘 읽히는지 묻는 것이다. 행사 조직위원회 업무를 도와달라는 요청은 거절해도 좋다. 어차피 뒤에서 묵묵히 준비하는 사람은 누구도 알아주지 않는다. 조직은 전면에 나서서 고객을 사로잡는 사람을 더 높이 평가한다.

뒤에 이어지는 내용에서도 가장 영향력 있는 업무를 선택함으로써 효율성을 높이는 실용적인 조언을 소개하고 있으니 꼭 읽고 활용해보기 바란다.

당신의 게임체인저 업무는 무엇인가?

모든 사람에게는 커리어를 통째로 바꿀 만큼 큰 영향력을 지닌 결정적이고 중대한 일이 하나쯤 있다. 나는 그것을 게임체인저game-changer 업무라고 부른다. 게임체인저를 달성하면 다른 일들이 저절로 해결되기도 한다. 당신의 게임체인저 업무는 무엇인가? 게임체인저 업무를 달성하기 위해 시간을 얼마나 할애하는가?

코칭을 받는 이들에게 게임체인저 업무에 시간을 어느 정도 투자하는지 물으면 많은 사람이 "아, 그거요? 늘 염두에 두고 있지만 전혀 못하고 있죠. 운이 좋으면 5% 정도?"라고 답한다.

당신에게 초능력이 주어져 지금 선택하는 일에서 무조건 성공할 수
있다면, 무엇을 목표로 삼겠는가?

_____

_____

_____

_____

_____

위에서 대답한 것이 바로 당신의 게임체인저다.
게임체인저를 달성한다는 것은 당신에게 어떤 의미인가?

_____

_____

_____

_____

_____

_____

게임체인저 업무를 달성하는 데 투자할 시간을 확보하기 위해서는
무엇을 버려야 하는가?

_____

_____

_____

_____

_____

_____

_____

_____

_____

_____

6장에서는 내가 가장 즐겨 사용하는 우선순위 결정 방법
을 소개한다.

6장
맡은 일을 반드시 끝내는
4단계 실행법

▷ 종일 사소한 일에 매달리는가?

▷ 할 일 목록을 적어두고 완료 표시를 할 때 짜릿함을 느끼는가?

▷ 완수한 일에 만족하기보다 끝내지 못한 일에 아쉬움을 느끼는가?

인간은 자꾸만 할 일을 찾으려고 한다. 다른 동물은 그렇지 않다. 내 반려견은 저녁을 먹고 산책을 마치면 만족스럽게 드러누워 잔다. 개는 괜히 할 일을 찾기 위해 집 주변을 돌아다니며 구석구석 냄새를 맡지 않는다. 그러나 인간은 바쁨이 주는 도파민 자극을 좋아한다. 무엇이 되었든 할 일 목록을 지워나갈 때 느껴지는 짜릿함을 즐기는 것이다. 그래서 우리는 딱히 중요하지 않은 사소한 일들로 할 일 목록을 가득 채운다. 받은메일함에 쌓인 사소한 업무 요청들은 그대로 우리의 할 일 목록이 된다.

    내가 생각해낸 것은 아니지만 우선순위에 대해 이야기할 때 즐겨 사용하는 비유가 있다. '영양과 들쥐' 비유다. 사자는 사냥할 때 들쥐 같은 작은 동물에는 눈길도 주지 않는다. 들쥐를 발견해 달려들고, 쫓고, 죽이고, 무리와 나눠먹는 데 들어가는 노력에 피해 들쥐가 주는 열량은 보잘것없기 때문이다. 이런 식으로 사냥하면 사자는 생존할 수 없다. 그렇기 때문에 사자들은 배불리 먹을 수 있는 영양을 쫓는 데 시간을 투자한다. 사냥에 성공해 포식한 뒤에는 휴식을 취하며 체력을 회복하고 때가 되면 다시 다음 영양을 쫓는다.

당신은 영양, 즉 우선순위가 높은 게임체인저 업무를 쫓는 데 시간을 들이는가? 별 영양가는 없지만 잡기는 쉬운 들쥐에 정신이 팔려 분주하지는 않은가? 이것이 '가짜 바쁨'의 본질이다.

사자는 영양이 눈에 띌 때까지 기다려야 하지만 우리는 영양을 언제 잡을지 미리 정할 수 있다. 하지만 영양 사냥에 집중하기 위해서는 우선 덩어리 시간을 확보해야 한다.

가능하다면 일주일 단위로 계획을 세우는 것이 좋다. 주간 계획이 불가능하다면, 매일 아침 '오늘 내가 반드시 끝내야 하는 일은 무엇인가?'라는 질문을 던져보자. 예전에는 하루에 중요 업무를 세 개 완수하는 것을 이상적이라고 보았다. 하지만 이제는 가장 중요한 일 하나만 완수하는 것만으로도 충분하다. 더 할 수 있다면 그것은 그야말로 덤이다. 자신에게 관대한 태도를 가지고 기대치를 현실적으로 잡는 것이 좋다.

다음은 내가 우선순위 업무를 수행할 때 애용하는 PIMP 모델이다. 미루기를 방지해주는 유용한 모델이다. 방법은 의외로 간단하다. 가장 욕심 나는 중요 업무를 정하고 그 업무에 쓸 시간을 일정표에 미리 기입하는 것이다.

● **우선순위**priority: **반드시 완수하고 싶은 중요 업무 하나를 정하라.** 하고 싶은 업무를 정했으면 그 일을 마치는 데 필요한 시간을 추산해보자. 처음 하는 일이라 정확히 파악하기 어렵다면 경험자에게 조언을 구해도 좋다. 의외로 많은 사람이 주요 업무에 실제로 소요되는 시간을 측정하지 않는다. 파킨슨의 법칙 Parkinson's law을 아는가? 업무를 마치는 데 걸리는 시간은 언제나 그 업무에 할당된 시간만큼 늘어난다는 법칙이다. 소요 시간을 너무 길게 책정하면 딴짓을 하며 미루다가 마지막에 가서야 일을 시작하게 되고, 일정을 빡빡하게 잡았다가는 마감일을 놓쳐 다른 사람의 업무에 지장을 줄 수 있다. 업무를 계획한 대로 컨트롤하기 위해서는 소요 시간 측정이 필수라는 점을 명심하자.

그림 3. 당신의 시간을 PIMP하라

● **기입**insert: **업무 수행에 필요한 시간을 일정표에 미리 기입하라.** 일정표를 작성할 때는 일상적인 업무들 사이에 중요한 업무를 끼워 넣는 것이 아니라 중요한 업무를 가장 먼저 기입해야 한다. 일정표는 회의 일정이 아닌 업무 일정으로 채워야 한다. 중요 업무를 수행하기로 결정한 시간에는 다른 업무를 전부 차단하고, 필요한 경우 방해받지 않는 장소로 이동하자. '이것만 잠깐 봐달라'며 찾아올 확률이 높은 사람에게는 미리 연락해 필요한 것이 있는지 확인하고, 중요 업무가 끝난 후 다시 확인한다. 집중을 위해 자리를 비우는 시간과 이유를 상대에게 알려줄지 말지는 당신의 선택이다. 한두 시간 정도 자리를 비워도 하늘이 무너지지는 않는다.

● **작정**mean: **일정에 기입한 업무는 작정하고 완수하라.** 중요 업무를 끝마치는 행위는 커리어와 개인적인 만족감에 모두 도움이 된다. 업무에 전념하기로 작정했다면 이를 막는 방해자들, 당신을 찾아와 업무를 갑자기 요청하는 이들을 단호하게 밀어내야 한다. 너무 야박하게 구는 것 같아서 죄책감이 들 수도 있다(전혀 그럴 필요 없다). 다른 사람의 요청을 거절해가며 내 일을 우선시하는 것이 이기적으로 느껴질 수 있기 때문이다. 그러나 업무에 집중한 당신 앞에 불쑥 나타나 갑자기 급한 요청을 하는 것은 전적으로 체계적이지 못한 상대방의 탓이다. 그들은 지금까지처럼 당신이 만사 제쳐두고 자신을 도와줄 것이라 기대할 것이다. 이

제 이들이 좀 더 계획적으로 일할 수 있도록 도와주자. 다음과 같은 표현이라면 상대에게 무안을 주지 않으면서도 목적을 달성할 수 있다.

"그러고 보니 요즘 급하게 데이터를 요청하시는 일이 자주 있더군요. 매일 아침 잠깐 만나서 필요한 것들에 대해 이야기를 나누는 건 어떨까요? 그럼 저도 데이터를 제대로 준비해서 드릴 수 있으니 더 좋고요."

● **신호**prompt: 신호에 맞춰 시작하라. 이 습관이 놀라운 변화를 가져올 수 있다. 중요 업무를 시작하기로 정한 시간이 되면 진행 중이던 일을 중단하고 업무를 바로 전환하는 연습을 해야 한다. 알람을 맞춰두고 특정 시간에 시작하거나 '회의 종료 직후' 등 특정 사건을 기준으로 시작할 수 있다. 처리해야 할 사소한 일은 어차피 끝이 없다. 사소한 업무는 중요 업무 완수 이후로 계획하면 된다. 이메일도 메신저도 기웃거리지 말고 오직 계획한 업무에만 집중하자. 가능하다면 방해가 없는 곳으로 자리를 옮기자. 아니면 모든 알림을 끄고 핸드폰을 눈에 안 띄는 곳에 숨긴 후 일을 시작하자.

PIMP 모델을 딱 일주일만 적용해보자. 업무 성과는 물론 기분까지 좋아질 것이라고 장담한다. 가능하다면 PIMP를 통해 하루에 90~120분 정도 중요 업무 집중 시간을 확보하라. '몰입' 상태에서 일할 수 있다면 더할 나위 없다(몰입에 대해서는 8장에서 자세히 소개한다). 중요한 업무에 몰입하는 것이야말로 생산성 향상의 궁극적인 비결이다.

가장 큰
게임체인저를 잡는 법

가끔은 아주 큰 업무를 맡을 때도 있다. 투자금 유치 신청, 사업 제안 등 굵직한 프로젝트가 여기에 해당된다. 큰 업무를 해내기 위해서는 다른 일을 모두 접고 정해진 시간에 온 신경을 집중해야 한다.

● **일정을 비워라.** 해당 업무에 시간을 많이 할애하라. 필요하다면 일주일 이상을 오직 그 업무에만 매달려 전력질주 해야 한다. 다른 업무를 처리하며 중간 중간 하겠다는 생각은 금물이다. 중요한 일이라면 최대한 능력을 발휘할 수 있는 조건을 만들어야 한다. 평소에 근무하던 장소에서 그대로 일하겠다는 생각도 버리는 것이 좋다. 온갖 방해를 받아 업무 흐름이 끊길 것이 뻔

하다.

● **숙고와 계획을 위한 시간을 따로 할당하라.** 어떻게 시작할지 감이 잡히지 않으면 일을 미루게 된다. 빨리 시작해야 한다는 압박감은 잠시 내려놓자. 업무에 할당한 시간 중 앞 부분은 시작 방법을 숙고하고 계획하는 데 써야 한다. 게임체인저 업무에는 어떤 자원이 필요한지, 비슷한 일을 해본 경험자가 있는지, 방해받지 않고 일할 수 있는 장소는 어디인지, 원하는 결과가 무엇인지 파악하는 것이다. 이미 경험을 통해 알고 있겠지만, 처음부터 범위를 제대로 설정하지 않으면 프로젝트는 잘 굴러가지 않는다. 그러므로 이 단계에 필요한 시간을 적절히 할당해야 한다.

사소한 업무도 PIMP 모델로 관리하라

'자이가르닉 효과Zeigarnik effect'라는 심리학 용어가 있다. 완수한 과제보다 끝내지 못했거나 방해로 인해 중단된 과제가 마음에 더 강하게 남는 현상을 뜻한다. 러시아의 심리학자 블루마 자이가르닉Bluma Zeigarnik은 웨이터들이 서빙을 끝낸 주문보다 아직 음식이 나가지 않은 주문을 더 잘 기억하는 모습을 보고 이 현상을 발견했다. 가짜 바쁨의 피해자들은 잡아둔 영양에 뿌듯함을 느끼기보다 돌아다니는 들쥐에 스트레스를 받는다.

심리학자 데릭 드레이퍼Derek Draper는 자신의 책《여유를 창조하라Create Space》에서 이러한 스트레스에 대한 해결책을 제시했다. 드레이퍼의 주장에 따르면 신경 쓰이는 잡무를 당장 할 필요는 없다. 언제 할 것인지를 계획하는 것만으로 충분하다. 앞서 제시한 PIMP 모델을 활용해 잡무 처리에 쓸 시간을 할당하면 그 일을 할 시간이 정해졌다는 사실에 심리적 안정감을 느낄 수 있다. 그러면 우리는 덜 급하지만 훨씬 중요한 업무에 집중할 수 있다.

중요 업무에만 집중하고 싶지만 죄책감이 느껴진다면?

우리는 이제 업무 평가 기준을 파악했다. 헤드 스페이스의 중요성도 깨달았다. 좋은 평가를 받고 헤드 스페이스를 더 많이 확보하기 위해서는 중요 업무에만 집중해야 한다는 것을 알지만 다른 일에 신경이 쓰인다면 어떻게 해야 할까? 다음의 내용을 작성해보면 도움이 될 것이다.

시간당 급여 계산

당신이 조직에서 받는 시급을 계산해 보자. 당신이 일하는 시간 중
그 금액에 걸맞게 쓰이는 시간은 어느 정도인가?

_____

_____

_____

_____

_____

_____

_____

_____

_____

_____

_____

_____

_____

_____

_____

_____

_____

_____

_____

어떤 일을
끊어낼 것인가?

단호하게 행동하는 것은 말처럼 쉽지 않다. 관리자도 팀원들에게 권한을 더 많이 위임해야 한다는 사실을 알고는 있다. 그러나 관리자들도 의도치 않게 잡무에 발목을 잡히기 일쑤다. 이렇게 되면 관리자는 팀의 구성원들, 특히 자기 몫을 제대로 해내지 못하고 있는 직원들의 역량을 개발하는 데 시간을 투자할 수 없다. 결과적으로 업무 분배의 공정성이 깨지고, 성과는 점점 떨어진다. 이는 관리자가 세부적인 업무에 개입할 구실이 된다.

관리자의 급여 수준에 어울리지 않는 실무의 유혹을 뿌리치기란 쉽지 않다. 실무가 안전지대인 경우가 많기 때문이다. 실무를 능숙하게 해냄으로써 관리자 자리까지 올라갔겠지만, 관리자의 자리에서는 끊어내야 하는 일이다. 문제의 핵심을 꿰뚫기 위해서 자기 자신에게 다음의 질문을 던져보자.

나만 할 수 있는 일은 무엇인가?

핵심 업무 외에 하고 있는 일을 모두 적어보자. 목록을 들여다보며
다음의 질문에 답을 적어보자.

- 코치나 교육을 통해 업무 역량을 키워 더 많은 업무를 맡겨야 하
  는 직원은 누구인가?

　

　

- 업무를 위탁 또는 위임할 수 있는 직원은 누구인가?

　

　

- 자기 몫을 해내지 못하는 직원은 누구인가? 그 직원의 역량을 개
  발하거나 그를 해고할 계획이 있는가?

　

　

- 담당 업무에 능숙해져서 다른 업무를 더 맡을 수 있는 직원은 누
  구인가?

- 일을 대신 해주거나 마무리를 도와줘야 하는 직원은 누구인가? 왜 그런가? 이런 경우가 빈번하다면 공동의존성에 대한 책을 권한다 (책 뒷부분에 관련 도서 목록이 있으니 참고하기 바란다. 이는 사실 관리자들이 흔히 겪는 문제이기도 하다).

- 목표를 이루기 위해 추가 지원이나 자원이 필요한가? 조직을 설득해 이를 얻어낼 방안이 있는가? 이와 관련된 제안서는 언제 작성할 예정인가?

7장에서는 한 번에 중요한 일 한 가지만 해야 하는 이유를 살펴보자.

7장
우리는 멀티태스킹의 피해자들이다

▷ 분명 이메일을 회신했다고 생각하고 컴퓨터를 껐는데
나중에 보니 작성 중이었던 적이 있는가?

▷ 업무 중 모니터를 몇 개 들여다보는가?
핸드폰과 TV까지 보지는 않는가?

인간은 한 번에 한 가지 일에만 집중할 수 있다. 멀티태스 킹을 할 수 있는 사람은 없다. 그런데 우리는 습관적으로 디지털 채널을 여러 개 오가며 끊임없는 멀티태스킹으로 뇌에 정보 폭탄 을 떨어뜨리곤 한다. 영국의 방송·통신 규제기구 오프콤Ofcom의 조사에 따르면 18~34세 연령층의 27%가 출퇴근 중 온라인 활동 을 다섯 개 이상 하는 것으로 밝혀졌다. 35세 이상 연령층은 9% 만이 통근길에 다섯 개가 넘는 온라인 활동을 한다고 대답했다.

통근 시간에 온라인 활동을 여러 개 하는 데 익숙해졌으 니 사무실에서도 한 번에 여러 가지 일에 집중할 수 있을까? 절대 그렇지 않다. 성별과 세대를 막론하고 불가능하다. 이얄 오퍼Eyal Ophir와 클리퍼드 나스Clifford Nass, 앤서니 와그너Anthony D. Wagner 의 연구에 따르면 멀티태스킹을 자주 하는 사람들은 정신적으로 산만하고, 중요한 사항과 그렇지 않은 사항을 구분하는 데 어려 움을 겪는다.

다음은 과도한 멀티태스킹 사례다. 당신은 전화 회의에 참여해 말하면서 눈으로는 이메일을 읽는다. 귀로는 저쪽 책상에서 들려오는 대화를 엿들으며 동료가 왜 목소리를 낮춰 통화하는지 궁금해한다. 그러다 갑자기 점심시간 후에 잡혀 있는 껄끄러운 미팅을 걱정한다. 배가 고파서 음식을 떠올리다 보니 집에 가는 길에 마트에 들러야겠다는 생각이 든다. 그러고 보니 오늘 애들이 우산을 안 가지고 갔는데 비가 올까 걱정이다. 그 순간 슬랙slack 메시지와 새 이메일이 온다. (직원 복지 차원에서 틀어져 있는) 테니스 경기 중계방송에서는 환호 소리가 들린다. 경기 화면 아래로 한 줄 뉴스 자막이 지나간다.

아무리 똑똑해도 이 난관을 극복하긴 어렵다. 뇌가 쓸데없는 정보로 꽉 찬 상태에서는 천재라도 어쩔 수가 없다. 심리학자 조지 A. 밀러George A. Miller에 따르면 인간의 단기 기억은 한 번에 약 일곱 가지 정보만 처리할 수 있으며, 중요한 인지적 작업은 한 번에 하나만 수행할 수 있다. 다만, 몸을 쓰는 단순 작업이나 익숙한 작업의 경우에는 정신적 작업과 동시에 수행할 수 있다. 산책하면서 고민거리를 생각하거나 TV를 보면서 다림질하는 것은 가능하다는 뜻이다.

배경 소음은 거슬리지 않을 때도 있고 방해될 때도 있다. 예를 들어 음악을 들으면서 메일함을 정리하는 것은 가능하지만, 팟캐스트를 들으며 문서 초안을 작성하는 것은 불가능하다. 회의 내용에 귀를 기울이면서 이메일을 읽을 수는 없다. 듣기, 쓰기, 읽기는 한 가지씩만 가능하며, 동시에 하는 것은 불가능하다. 멀티태스킹은 잘못된 용어다. 우리는 멀티태스킹이라 착각하지만 사실 여러 가지 일을 번갈아가며 처리하고 있을 뿐이다.

작업 전환에는 비용이 발생한다. 한 작업에서 다른 작업으로 전환했다가 다시 원래 작업으로 돌아올 때 손실되는 시간이 있다. 〈실험 심리학 저널Journal of Experimental Psychology〉에 따르면 업무를 전환하며 일할 때 우리의 생산성은 최대 40%까지 낭비된다. 멀티태스킹에 대한 진실은 다음과 같다.

- 두 작업을 번갈아 수행하면 하나를 완료하고 다음으로 넘어가는 것보다 더 오래 걸린다.
- 작업을 반복해서 전환하면 한 번에 한 가지 일을 할 때보다 더 많은 실수를 낳는다.
- 복잡한 작업일수록 전환 시 더 많은 실수가 나타난다.
- 다른 일을 하느라 작업의 흐름이 끊기면, 그 일에 썼던 시간보다 더 긴 시간을 들여야 원래 하던 작업에 복귀할 수 있다. 복잡한 작업의 경우 어디까지 했는지 기억나지 않아 원래 작업으로 아예 복귀하지 못할 가능성도 있다.

PIMP 모델을 활용해 핵심 작업을 위한 집중 시간을 확보해야 하는 이유다. 집중할 시간을 확보하면 한 번에 한 가지 일에만 집중하는 호사를 누리며 일을 더 빠르게, 더 잘 해낼 수 있다.

일을 마쳤을 때 분비되는 도파민도 즐길 수 있으며, 스트레스도 덜 받는다.

멀티태스킹은 나뿐만 아니라 모두의 작업 속도를 떨어뜨린다. 공동 프로젝트를 진행하면서 합의된 우선순위 업무에 집중하지 않고 멀티태스킹을 시도하면 프로젝트 실패로 이어질 수 있다.

프로젝트에서 수행할 작업이 세 개 있다고 가정하자. 세 작업을 번갈아 가며 조금씩 진행하면 각각의 작업에서 진전을 이루고 있으니 본인은 일하는 기분이 들 수 있다. 첫째 날 퇴근 무렵에는 각 작업이 3분의 1씩 완료된다. 둘째 날에도 각각의 작업을 3분의 1씩 진행한다. 이제 거의 다 되었다. 셋째 날에는 드디어 작업 세 개를 전부 끝낸다. 당신은 괜찮다고 느낄 수 있다. 문제는 당신의 첫 번째 작업 결과물을 기다리는 누군가가 있었을 것이라는 점이다. 당신이 일을 번갈아 하는 바람에 그 직원은 셋째 날이 되어서야 결과물을 받게 되었다.

다른 직원들도 이런 식으로 멀티태스킹을 하면 어떻게 될까? 전체 업무 흐름이 도미노처럼 무너지면서 프로젝트 전체가 지연될 수 있다. 한 번에 하나만. 명심하자.

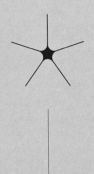

8장
몰입 근무 시간대 설정하기

▷ 최근 업무에 완전히 몰입했던 때는 언제인가?

▷ 온 정신을 집중해 중요 업무를 완수했을 때 오는
극한의 만족감을 얼마나 자주 느끼는가?

▷ 매일 이렇게 일하는 것은 왜 어려운가?

PIMP 모델을 활용해 시간을 확보하고 중요 업무를 진행하면 '몰입'이라는 최적의 집중 상태로 진입할 수 있다. 최상의 성과를 내는 몰입 상태가 일터에서의 성공과 행복의 비결이라는 연구 결과가 무수히 많다. 업무에 푹 빠져 깊게 집중할 때 우리의 기분은 최고조에 이르고 최상의 성과를 낸다.

　　맥킨지Mckinsy&Co.에서 10년에 걸쳐 실시한 연구에 따르면 기업의 임원들이 일주일에 하루를 몰입 상태에서 안정적으로 일했을 때 생산성이 5배까지 향상되었다고 한다. 작가 스티븐 코틀러Steven Kotler는 몰입하는 사람들은 몰입하지 않는 동료들이 일주일 걸려 하는 일을 하루에 끝낼 수 있다고 설명했다.

　　일반적인 직장인에게 하루 내내 몰입 근무를 하는 것은 무리일 수도 있다. 사실 나도 그렇다. 몰입은 반나절 정도면 충분하다. 앞서 말한 맥킨지 연구에서는 몰입 상태로 근무하는 시간을 지금보다 15~20% 늘릴 수 있다면 생산성이 2배 가까이 증가할 것이라고 말했다. 이것은 꽤 큰 차이다.

얼핏 생각하면 어려울 것도 없어 보인다. 하루에 2시간 집중하는 것이 뭐 그리 힘들겠는가? 그러나 우리는 21세기를 살아가는 지식노동자고, 현대의 업무 환경에서 집중력은 희귀한 자원이 되었다.

몰입이란
무엇이고
어떻게 달성하는가?

몰입 또는 '플로flow'란 헝가리 출신 심리학자 미하이 칙센트미하이Mihaly Csikszentmihalyi가 작업에 완전히 빠져들어 집중할 때의 정신 상태를 설명하기 위해 사용한 용어다. 즉, 몰입은 모든 방해 요소를 무시하고 눈앞의 일에 깊이 빠져 완전히 집중한 상태다. 칙센트미하이는 예술가들이 작업에 몰두하는 모습에 매료되었다. 예술가들은 시간, 허기, 심지어 자기 자신조차도 잊고 작업에만 매달렸다. 칙센트미하이는 이 최적의 경험을 연구했고, 그 느낌을 자연스럽게 흐르는 물에 빗대 '플로'라고 명명했다.

몰입 상태는 모든 것을 잊고 눈앞의 경기에만 집중하는 운동선수에게도 나타난다. 몰입은 일종의 황홀경, 또는 무아지경으로 묘사된다. 몰입 상태에서는 모든 감정이 업무를 수행하는 데 집중되고, 우리는 그 안에서 학습과 사고에 완전히 빠져든다.

몰입을 자유자재로 활용하는 사람은 짧은 시간 일하면서 더 많은 돈을 벌고, 일과 삶의 목적에 일체감을 느끼는 등 강력한 돌파를 경험한다. 반면 몰입을 찾지 못한 이들에게 일이란 그저 필요악이다.《인생학교: 일》에서 로먼 크르즈나릭Roman Krznaric은 일에서 진정한 성취감을 얻기 위한 세 가지 필수 요소 중 하나로 몰입을 꼽았다. 나머지 두 가지는 (시간과 노동에 대한) 자유와 (자신의 일에서 가치를 찾는) 의미였다.

어떻게 하면 이 기쁨을 누릴 수 있을까? 어떻게 하면 직원들이 자신의 일을 즐기면서도 최상의 성과를 내는 몰입 상태로 들어가는 환경을 만들 수 있을까?

<u>몰입은 우리를 즐겁게 한다.</u> 몰입이 주는 쾌감은 실로 대단하다. 고도의 집중 상태에서는 도파민, 세로토닌, 엔도르핀, 노르에피네프린, 아드레날린을 비롯한 쾌감 물질이 분비된다. 일하면서 강력하고도 합법적인 쾌감 물질을 얻을 수 있다니 얼마나 좋은가.

당신이 관리자라면 집중 근무가 주는 강렬한 쾌감을 통해 팀원들 사이에 강한 유대감을 형성함으로써 훌륭한 관리자가 될 수 있다. 구성원들에게 환각제를 나눠주는 것이 아니다. 차분히 집중해 최선을 다해 일할 수 있는 환경을 조성하는 것뿐이다. 그

것만으로도 팀원들의 행복감과 생산성, 성과를 높일 수 있고 일하는 시간마저 단축할 수 있으니 일석이조다.

몰입 상태로 일하는 방법

- 일정을 미리 짜라. 명심하고 또 명심하자. 계획 없이는 실행도 없다. 앞서 소개한 PIMP 모델을 활용해 중요 업무 일정을 미리 계획하고 몰입을 준비하자.

- 몰입에 적절한 환경을 만들자. 필요하다면 장소를 옮기는 것도 좋다. 늘 일하던 자리에서 갑자기 몰입 상태에 진입하기는 힘들다. 헤드폰으로 소음을 차단해도 마찬가지다. 재택근무 시에도 일상적 업무를 하는 장소에서는 집중이 어려울 수 있다. 나는 주로 카페를 활용한다. 소음이 조금 있어도 집중할 수 있는 장소라면 괜찮다. 나는 집중해서 글을 쓸 때는 카페에 가서 바로 작업을 시작한다. 잘 찾아보면 사무실에도 몰입하기 좋은 조용한 장소가 분명 있다.

- 주의를 산만하게 하거나 방해가 될 만한 요소를 미리 제거하라. 몰입 근무에 들어가기 전에는 메신저 상태를 부재중으로 표시하고 메신저와 소셜미디어, 이메일 등 모든 알림을 꺼야 한다. 팀원들에게는 한두 시간쯤 집중해서 처리할 업무가 있다고 알린다. 혹시 필요한 사항이 있는지 미리 확인해서 처리하고, 언제쯤 돌아올

지 알려준다. 정말 중요하거나 긴급한 상황이 발생하면 알아서 찾아올 테니 너무 걱정할 필요는 없다.

• 업무 리듬에 따라 몰입 근무에 더 적합한 요일이나 시간대가 있다. 예를 들어 모두가 한 주를 시작하는 월요일 오전 10시에는 방해 요소가 많지만, 금요일 오후라면 해볼 만하다. 우선 주 1회로 시작해 하루에 2시간 몰입 근무를 목표로 하자. 팀 전체가 참여할 수 있다면 더욱 좋다.

• 몰입은 바로 찾아오지 않는다. 연구에 따르면 몰입 상태에 진입하는 데 5~20분가량이 소요된다. 몰입이 찾아오기까지 조바심을 견딜 수 있도록 인내심을 기르자. PIMP 모델을 활용해 몰입을 시작할 시간을 정하고, 정해둔 신호에 따라 바로 전환하는 연습을 하라.

• 몰입에 방해되는 부정적인 감정은 버려라. 몰입을 위해서는 자신의 역량을 있는 그대로 인지해야 한다. '나는 이 일을 못해, 나는 형편없어, 어차피 다른 사람이 더 잘할 텐데 무슨 소용이야' 등의 부정적인 생각은 우리의 인지 능력을 흐린다. 물론 부정적인 판단이 옳은 경우도 있지만, 자신의 역량을 제한하는 이러한 가정은 실력을 최선으로 발휘하지도, 도움을 요청하지도 못하게 한다.

• 작업의 진행 상황을 파악하라. 칙센트미하이는 몰입과 집중력을 유지하기 위해서 다음 단계를 지속적으로 인식해야 한다고 강조했다. 미리 계획을 세우고 진행 상황을 체크하자.

- 간간이 짧은 휴식을 취하고 수분을 보충하라. 휴식 후 다시 작업을 시작할 때 빠르게 몰입 상태에 진입할 수 있도록 훈련하고, 쉬는 동안 다른 일을 들여다보면 집중에 방해가 되니 오롯이 휴식만 취하자. 나는 90분 정도 몰입한 후 짧은 휴식을 취하는데, 전력질주 중인 상황에서는 휴식 후 거의 곧바로 다시 몰입에 들어간다.

- 혹시나 하는 마음에 덧붙인다. 소셜미디어에 푹 빠져 화면을 들여다보는 것은 몰입이 아니다. 도전과 학습이 없기 때문이다. 게임에 집중하는 것 또한 몰입이 아니다. 이는 몰입과는 질적으로 다른 과집중으로, 행복감을 주는 몰입과는 달리 긴장감과 공격성을 키운다. 소셜미디어나 게임에 장시간 노출되면 최상의 효과를 내는 데 필요한 최적의 집중력으로 전환하는 일이 점점 어려워진다.

강렬한
몰입 경험은
성과를 높인다

매우 강렬한 몰입 상태를 이르러 '엑스타시스ecstasis'라고 한다. 고대 그리스어에서 비롯된 단어로, '평소의 자아를 벗어나 자신보다 훨씬 더 큰 존재와 연결을 느끼는 순간'을 뜻한다. 이는 일상을 벗어난 의식 상태다. 고대 또는 기독교 세계에서 황홀감

ecstasy은 대개 신 또는 다른 영적 존재와 연결되는 무아지경과 관련되어 있다.

철학자 줄스 에번스Jules Evans는 이런 심오한 경험이 주는 영향에 대한 책《통제 잃기의 기술: 황홀경 경험에 대한 철학적 탐구The Art of Losing Control: A Philosopher's Search for Ecstatic Experience》를 썼다. 에번스에 따르면 플라톤은 특히 예술가들이 황홀경이나 신성한 광기에 잘 빠져든다고 생각했다. 그는 예술가들이 영적 존재를 들이마신 후 그 과정을 뚜렷이 인식하지 못한 채 위대한 작품을 만든다고 믿었다.

오늘날에는 과학자, 실리콘밸리 임원, 미국의 해군이나 육군 특수부대에 이르기까지 각계각층에서 몰입을 활용해 개인과 조직의 성과를 높일 방법을 찾고 있다. 이들의 목표는 즉각적인 대응이나 창의적인 해결책이 요구되는 상황에서 더 깊은 집단 사고가 주는 경쟁력을 활용하는 것이다. 다수의 개체가 하나처럼 움직이는 '하이브 마인드hive mind'처럼, 두뇌의 동기화를 통한 의식 전환은 좋은 아이디어를 내는 데 도움을 준다.

몰입 근무 시간대를
설정하라

팀 전체가 근무시간 내내 몰입 근무를 도입하는 것은 쉽지 않다. 그러나 미리 시간을 정해 몰입 근무 세션을 도입하는 것은 가능하다. 다 같이 몰입할 시간을 정하는 것만으로도 직원들의 생산성과 행복감은 높아진다. 사실 이는 새로운 것이 아니라 과거에는 그저 '근무' 또는 '집중'이라고 불렀던 일들이니 어렵게 생각할 것도 없다.

팀원들이 서로 방해하지 않고 각자 업무에 깊게 빠져들 수 있는 시간을 동기화하자. 이렇게 동기화한 90~120분은 잡무에 쓰지 말고 고도의 집중력을 발휘해 최우선 업무에 해당하는 도전적인 작업에 써야 한다. 이런 방식의 작업에 익숙하지 않은 이들은 반발할 수도 있다. 심지어 괜히 죄책감을 느끼는 사람도 있을 수 있다. 그러나 몰입에 익숙해지면 누구라도 오랜만에 뇌를 제대로 사용하는 기쁨을 누리게 될 것이다. 학생 시절 치른 기말고사 이후 처음 느껴보는 기분 아닐까?

팀 단위의 몰입 세션을 시작하기 10분 전에는 몰입 근무 중에 서로를 방해하지 않도록 작업에 필요한 것을 미리 챙기라는 알림을 보내야 한다. 팀을 대표해서 전화를 받거나 이메일을 체크할 직원 한 명을 지정하는 것도 좋다. 일정표와 메신저 등에는 부재중 표시를 남기고, 핸드폰은 모두 보이지 않는 곳에 두어야 한다. 매일 최대 2시간정도 몰입 세션을 시행할 수 있다면 가장 좋겠지만, 매일이 부담스럽다면 우선 금요일 오후로 시간을 정해서 실행해보자.

뇌의 피로도나 각성도가 높지 않아 업무 채널을 여기저기 기웃거리고 싶은 이른 오후에 몰입 세션을 도입하는 것도 추천한다. 개인적인 경험이지만, 약간 피곤한 상태에서 오히려 창의성이 더 잘 발현되기도 한다. 평소라면 비논리적이라며 바로 배제했을 아이디어가 피로할 때는 검토 대상이 되는 경우가 종종 있기 때문이다.

팀 단위 몰입 근무의 장점은 자기 자리에서 깊게 집중해서 일할 수 있다는 것이다. 모두가 동시에 집중력을 발휘하고 있다는 공동의 만족감도 느낄 수 있다. 몰입 근무시간을 확보하기 위해서는 불필요한 회의에 불참해 일정표에 여유를 만들어야 한다. 9장에서는 불필요한 회의에 대해 다룬다.

9장
쓸데없는 회의를 피하는 법

▷ 회의가 얼마나 효과적인지 점검하고 있는가?

▷ 각종 회의의 목적은 명확한가?

▷ 당신이 참석하는 회의에서 목소리를 내지 못하는 사람은 누구이며
그 이유는 무엇인가?

　　효과적인 회의와 개인 면담은 팀 내에서 신뢰를 쌓고 업무를 진행하기 위한 중요한 초석이다. 회의가 제대로 운영되지 않으면 엄청난 비용과 자원이 낭비된다. 아직도 이를 제대로 인지하지 못하는 조직이 많다는 사실이 참으로 의아하다.

　　직원들에게 효과적인 회의 운영 방법을 교육하는 것은 조직 차원에서도 좋은 투자다. 교육을 통해 구성원 모두가 자신의 시간과 타인의 시간을 존중해야 한다는 조직문화를 배운다.

비효율적인
회의의 대가

　　전형적인 사례를 하나 보자. 직원 열 명이 전일 근무하는 팀이 있다. 내부 회의는 일주일에 네 번 진행된다. 일정표에는 각

회의가 1시간 진행된다고 적혀 있다. 아웃룩의 기본 설정이 그렇기 때문이다. 참석자 중 몇 명이 다른 회의를 마치고 오느라 회의는 늘 5분 정도 늦게 시작된다. 예정보다 20분 초과되는 경우도 종종 있다. 프로젝트 일정 및 진행 상황 공유 회의는 사실 2분짜리 동영상으로도 충분히 대체할 수 있지만 팀원들은 굳이 모여서 회의를 하며 시간을 보낸다.

　회의를 마치고 나오며 낭비하는 시간은 또 어떤가? 오프콤에 따르면 우리는 12분마다 한 번씩 핸드폰을 확인한다. 회의실을 나가면서 모두가 핸드폰을 들고 메시지를 확인하느라 시간을 쓴다. 커피를 한 잔 내리고, 수다를 떨고, 메일함을 확인하고, 메신저를 확인하고, 뉴스피드 삼매경에 빠진다. 이렇게 낭비되는 시간 탓에 회의를 마치고 돌아가서 다시 일에 집중하기까지 최대 25분이 걸린다고 한다(당신의 경우는 어떤지 시간을 재보자).

　이 시간을 모두 더하면 직원 한 명당 일주일에 200분, 팀 전체로 보면 일주일에 33시간이 낭비되는 셈이다. 이를 다시 환산해보면 팀 구성원 열 명 중 한 명이 월요일만 일하고 나머지 요일은 쉬는 것과 마찬가지다. 비효율적인 회의로 인해 화요일부터 금요일까지는 열 명이 아닌 아홉 명이 일하는 것과 같은 효율이다.

의식의 흐름형 회의는
절대 금물

　가끔 후배나 부하직원이 불쑥 회의를 요청하기도 한다. 거절하면 실례인 것 같아서 필요한 정보를 준비할 시간도 없이 참석하지만, 구체적인 안건이 없는 회의라 시간만 낭비하는 경우가 종종 있다. 회의에서 결정된 사항이 제대로 이행되지 않아도 지적하는 사람은 없다. 툭하면 주제를 벗어나고 빈말만 요란한 회의도 많다. 결정은 나중에 회의에 대한 회의를 열어서 내리고, 그 과정에서 마음의 상처를 입는 사람도 나온다.

　이런 시간 낭비를 막기 위해서는 회의를 효과적으로 활용하는 법을 배우고 다른 사람들에게도 알려줘야 한다. 어떻게 하면 회의를 잘 운영할 수 있을까?

　우선 방해 요소를 잘 통제하고 문맥을 적절히 설정해야 한다. 회의 목표를 명확히 밝히고 안건에만 집중하는 것도 중요하다. 협업을 장려하고 까다로운 참석자를 잘 관리하는 것도 주재자의 역할이다. 또한 논의 중인 문제의 담당자들이 좋은 해결책을 가지고 있으면서도 눈치를 보느라 침묵하는 일이 없도록 편하게 의견을 낼 수 있는 분위기를 만들어야 한다.

효율적인
회의를 위한
3P 모델

회의 참석자가 세 명 이상인데 별도의 안건이 없다면 굳이 참석하지 말자. 분명한 안건 없이 그냥 모여서 이야기하다 보면 결국 그날 나온 이야기를 정리하느라 또 다른 회의를 잡게 된다. 초대받은 회의에 안건이 없다면 다음과 같이 말하며 거절하자. "죄송하지만 그럴 여력이 없네요. 참석은 어렵지만 논의하신 사항을 이메일로 공유해주시면 읽어보겠습니다."

무엇인가를 결정하기 위한 회의라면 관련 정보를 사전에 공유해달라고 요청하자. 회의의 목적은 의사결정이다. 단순한 정보 공유라면 회의 외에도 훨씬 효과적인 방법들이 있다.

안건 없이는 회의도 없다. 나는 회의를 계획할 때 다음의 3P 모델을 자주 활용한다.

● **목적purpose**: 우선은 '이 회의를 왜 하는가?'라는 질문을 던져보자. 이 질문을 염두에 두고 안건을 구체화하면 원하는 답에 가까워진다. 예를 들어 영국 체섬이라는 도시에 신규 지점 개설 여부를 주제로 하는 회의에서는 다음과 같은 사항이 논의될 수 있다. '지점 개설을 위한 예산은 얼마나 필요한가?' '예상되는

수익은 어느 정도인가?'

　　● **과정**process: 회의 목적 달성을 위해 참석자들이 준비해야 할 사항을 공지한다. 준비사항이 따로 없는 직원들은 의사결정에만 참여하면 된다. 이들은 갑작스러운 질문에 부담을 느낄 필요가 없다. 준비를 맡은 사람이 제대로 준비하지 않았다면 자신의 역량 부족을 인정해야 한다.

　　● **결과**pay-off: 회의의 결과로 얻고 싶은 것은 무엇인가? '준비된 모든 자료를 발표하고 발표자의 의견을 들은 후 체셤 지점 개설 여부를 결정한다. 필요한 경우 범위와 시점을 논의해 정한다.'

　　갑자기 구조적인 체계를 도입하는 것이 부담스럽다면 모

그림 4. 효율적인 회의를 위한 3P 모델

든 논의를 관통하는 핵심적인 질문 하나로 참석자의 주의를 환기하는 것도 좋은 방법이다. 내가 애용하는 '단 하나 법칙'을 활용해보라. 회의에서 논의된 모든 사안 중 우리가 집중해야 할 문제를 딱 하나만 꼽는다면 무엇인지 묻는 것이다.

- 현재 우리가 처리해야 할 가장 중요한 문제는 무엇인가?
- 우리가 직면한 가장 큰 도전 과제는 무엇인가?
- 진짜 문제는 무엇인가?

회의 시간을 줄이는 방법

내게 코칭을 받은 사람들은 회의 시간을 단축하기 위해 다양한 전략을 활용했다. 다음 전략들도 고려해 보자.

- 기본 회의 시간을 60분에서 45분으로 줄일 수 있는가? 회의실을 1시간 단위로만 예약할 수 있는 회사가 있는데, 이런 경우 항상 앞 회의와 시간이 겹쳐 회의를 제때 시작할 수 없다. 회의 시간 단위를 45분으로 바꾸면 모두가 정시에 회의실에 모일 수 있다.
- 시설 관리자에게 회의 시작 45분 후 조명을 꺼달라고 요청해보자.

- 주재하게 된 회의에 참석자가 너무 많으면 회의실을 한 바퀴 돌며 직원들에게 참석 이유를 물어보자. 참석할 이유가 없거나 특별히 필요하지 않은 참석자들을 회의에서 빼주면 그들은 기쁘게 받아들일 것이다.
- 회의에는 지나치게 많은 사람을 부를 필요가 없다. 일곱 명 이상이 모이면 의사결정이 지연될 뿐이다. 각 팀을 대표하는 한 명씩만 참석해도 충분하다.
- 회의에 안 들어가면 괜히 불안해지는 마음을 버려야 한다. 불필요한 회의에는 참석하지 않아도 되는 분위기를 조성하는 것이 중요하다. 들어갈 이유가 없는 회의, 들어가서 얻을 것이 없는 회의에는 참석하지 않는 문화를 관리자가 솔선수범해서 만들자. 상사의 지시로 별 관계도 없는 회의에 참석해 시간을 낭비하는 일도 없어야 한다. 자신의 업무와 관계없는 회의에 초대받으면 솔직하게 "내용을 살펴봤는데 제 주요 업무와는 맞지 않네요"라고 말할 수 있어야 한다. 불필요한 회의에 참석하느라 긴 시간을 낭비할 이유가 없다.
- 정각에 시작하라. 참석 전에 미리 읽어 오기로 합의한 자료는 절대 회의실에서 다시 읽지 말아야 한다. 사전에 읽는 것이 어렵다면, 회의에서 본격적인 논의를 시작하기 전에 관련 정보 숙지 시간을 따로 할애하는 것도 방

법이다. 이때 회의에서 결정해야 할 사항을 미리 공지해 참가자들이 준비할 수 있도록 하자.

- 다른 사람이 주재하는 회의에서 대화가 주제를 벗어나고 있다면 본론으로 돌아갈 수 있도록 "여기서 우리가 달성하고자 하는 게 뭐죠?"라는 질문을 던지거나 "잠시 돌아가서 다시 본래 주제에 대해 논의할까요?"라고 제안하라.

- 회의 분위기와 간식은 신중하게 결정하라. 회의실은 인스타그램 사진을 찍는 곳이 아니라 업무에 관한 의사결정을 내리는 곳이다. 회의실에 차려지는 화려한 간식과 영양가 없는 논의 사이에는 분명 연관성이 있다. 고객을 초대해 진행하는 회의라면 좋은 다과를 접대하는 것도 중요하다. 그러나 내부 회의에서는 회의가 끝난 후 참석자들을 회의실에서 최대한 빨리 내보내야 한다. 그래야 모두 자리로 돌아가 다시 보람차게 일할 수 있다. 회의실에서 초콜릿 과자를 제공하는 것보다 직원들이 자기 일에 집중할 수 있게 해주는 것이 진정한 복지다.

- 회의에서 윗사람이 안건에 벗어나는 이야기를 하며 시간을 잡아먹고 있다면 다음과 같은 말로 정중하게 중단하라. "정말 좋은 지적입니다. 충분한 시간을 두고 논의할 만한 주제인 만큼 추후에 별도 안건으로 다루면 좋을

것 같습니다." 가능하다면 회의를 마치고 따로 대화를 나누는 것도 좋다. 지식을 공유하고 싶다는 의사를 밝히면 팀원들을 위한 별도의 교육이나 멘토 활동을 부탁할 수도 있다.

- 중요한 논의 사항은 회의 안건 맨 위에 올려 시간을 충분히 확보한다. 마지막에 '기타 안건'을 넣지는 말자. 회의 마무리 시점에 새로운 문제가 제기되어 회의가 길어질 수 있기 때문이다. 언급할 만한 가치가 있는 사안은 사전에 안건으로 올린다.

- 회의에서 결정한 사항들을 회의록 작성자가 전부 읽는 대신 담당자들이 돌아가며 직접 읽어라. 자신이 맡은 일을 소리 내 말하면 주도성과 책임감이 강해지는 효과가 있다.

- 앞서 수차례 언급한 바와 같이 방해 요소는 우리의 인지능력을 저하시킨다. 기록하는 경우를 제외하고는 회의 시간에 핸드폰과 노트북을 사용하지 않도록 한다.

- 파워포인트 발표의 경우 슬라이드 분량을 제한한다. 핵심 포인트를 두어 개로 간추린 슬라이드 몇 장이면 충분하다. 장황한 발표는 회의를 망친다. 반드시 공유해야 하는 핵심 사항만 간결하게 정리하도록 하고, 필요한 경우에는 핵심 포인트 한 개로 간추리도록 하자. 프레젠테

이션 교육도 필수다. 분명 핵심적인 업무 기술인데도 어깨너머로 배울 수 있다거나 하다 보면 는다고 생각하는 경향이 있다.

회의 이름을
바꿔라

회의 이름을 흥미롭게 바꾸는 것도 좋은 방법이다. 영업팀장 셰릴은 매주 목요일 '목요 점검 회의'를 진행했다. 한 주 마감을 24시간 앞두고 주간 목표 달성률을 점검하는 회의였다. 팀원들은 이 회의가 너무 두렵다고 호소하는 피드백을 남겼다. 특히 실적이 저조한 주에는 죽을 맛이라고 토로했다. 팀원들은 이 회의를 무의미하다고 느끼기도 했다. 무엇이 문제인지는 당사자가 제일 잘 알기 때문이다. 회의가 끝나면 우울해져서 실적 회복이 오히려 더 어렵다는 의견도 있었다.

가장 쉬운 해결책은 회의를 없애는 것이었다. 그러나 쉬운 해결책은 잘못된 해결책인 경우가 많다. 셰릴은 점검 회의를 없애는 대신 실적에 대한 고민에서 탈출하자는 의미로 '탈출 회의'라는 이름을 붙였다. 새로운 이름은 회의의 목적과 역할을 잘 담아냈다. 그러면서도 모두 함께한다는 느낌도 잃지 않았다. 이전에는 1시간을 넘기기 일쑤였던 회의 시간도 45분으로 제한했다.

그러자 이런저런 핑계를 대며 회의에 빠졌던 직원들이 다시 회의실에 나타나기 시작했고, 분위기는 활기를 되찾았다. 회의가 건설적인 방향으로 개선되자 팀원들의 사기가 진작되고 팀워크가 좋아지면서 매출도 상승했다.

회의는 결정을
내리는 자리다

회의의 목적은 정보 공유가 아닌 의사결정이다. 우리가 참석하는 각종 회의의 생산성을 따져보자. 회의가 의사결정과 업무 진행에 도움이 되고 있는가?

우리는 결정이 내려지지 않는 회의를 생각보다 자주 접한다. 그러나 결정권자라면 필요한 정보를 모두 검토한 후 회의 마지막에 결정을 내려야 한다. 가끔은 아무도 반기지 않는 어려운 결정이 될 수도 있지만, 어쩔 수 없다.

회의를 진행할 때는 모두의 의견을 들을 수 있도록 참석자가 돌아가면서 발언하는 것이 좋다. 합의에 의한 결정 도출을 목표로 하되, 합의가 어려운 경우에는 결정권자가 나서야 한다. 그렇지 않으면 일이 진행되지 않는다. 아무 결정을 내리지 못하고 차일피일 미루는 것보다 잘못된 결정이라도 내리는 편이 낫다. 결정을 내린 후에는 다음과 같은 방식으로 참가자들에게 알린다.

"다들 의견 주셔서 감사드립니다. 오늘 들은 내용을 토대로 보니 현재 기준으로는 체셤에 신규 지점을 개설하는 데 들어가는 비용이 회수할 수 있는 이익에 비해 막대하군요. 신규 지점 개설 계획은 철회하는 것으로 결정했습니다. 오늘 나온 의견 중 일부는 다음 달에 본사 차원에서 구현할 방법을 모색해보고 다음 회의 안건에 반영하겠습니다."

간단한 회의 규칙을 정하는 것도 좋다. 핸드폰 보지 않기, 발언자에게 집중하기, 모두에게 발언 시간 5분 보장하기, 정시에 시작하고 정시에 끝내기, 3P 모델 사용하기, 본인이 취하기로 한 조치는 반드시 완수하기 등을 규칙으로 삼을 수 있다.

화상회의에서 영향력 높이는 법

모든 상황이 완벽하다고 해도 타인에게 영향을 주기는 어렵다. 하물 며 같은 장소에 있지도 않은 상태에서는 더욱 그렇다. 다음은 화상 회의에서 활용할 수 있는 유용한 팁이다.

1. 임기응변은 통하지 않는다. 화상회의 환경은 오프라인 회의보다 훨씬 가혹하다. 장황한 임기응변으로는 회의가 진행되지 않으므로 메시지를 명확하게 전달해야 한다. 당연히 오프라인 회의 때보다 훨 씬 더 많은 시간을 들여 준비해야 한다. 말하고자 하는 요지를 글로 적은 후 소리 내 연습하면 도움이 된다. 특히 발언의 도입부는 반드 시 연습하자. 핸드폰으로 녹음해서 들어보고, 설득력과 신뢰가 느껴 질 때까지 반복한다. 회의 시작 전에 30분을 따로 할애해 준비하는 것이 기본이지만, 이 단계를 건너뛰는 사람이 많다.

2. 참석하는 회의 수를 줄여라. 위 내용을 보면 알겠지만, 화상회의 를 준비하는 데는 더 많은 시간이 필요하다. 중요한 회의를 제대로 준비하기 위해서 덜 중요한 회의는 참석을 줄여야 한다는 의미다.

3. 긍정적인 호응을 보여라. 무언의 호응을 통해 발언 중인 사람에 대한 지지를 보이는 것이 좋다. 화상회의에 자주 참여하는 사람으로 서 말하자면, 미소를 지으며 고개를 끄덕여주는 참가자의 모습이 가 장 든든하다. 지금 핸드폰 카메라를 켜고 화면을 뚫어져라 응시하는 자신의 모습과 미소를 지으며 고개를 끄덕이는 모습을 동영상으로 찍어 비교해보자. 후자의 모습이 훨씬 친근감을 줄 것이다. 화상회의 에서도 보디랭귀지는 중요하다.

4. 자신감과 프로 의식을 가져라. 전문가로서 회의에 참석했다면 참가자들이 당신에게 기대하는 것은 명확한 논리와 권고다. "현재까지 파악한 바를 바탕으로 생각할 때, 제 의견은…" 등의 표현으로 자신의 생각을 평소보다 조금 큰 목소리로 명확하게 밝혀라.

5. 카메라를 켜라. 전문가다운 모습으로 반드시 정시에 회의에 접속하라. 카메라를 끈 채로는 어떤 영향력도 발휘할 수 없다. 화상회의에서 신뢰를 얻으려면 얼굴을 드러내야 한다. 사적인 공간을 드러내고 싶지 않다면 별도의 배경화면을 사용해도 좋다.

6. 카메라를 능숙하게 사용하라. 화면 중앙을 보지 말고 화면 상단에 불이 켜진 카메라를 바라보라. 카메라를 보고 말해야 상대방의 눈을 보고 말하는 느낌을 줄 수 있다. 카메라 구도도 중요하다. 얼굴 정면이 보이도록 노트북을 배치하는 것이 좋다. 노트북 아래에 요리책을 몇 권 받치면 딱 맞을 것이다. 조명은 얼굴 앞쪽에 둬야 하고, 자연광이 가장 좋다. 창문에 햇살이 들지 않는 방향이라면 저렴한 실내용 링 조명을 구매하면 된다.

지금까지 많은 이가 업무 방해의 주범으로 꼽는 회의에 대해 살펴보았다. 10장에서는 또 다른 문제, 이메일로 넘어간다.

10장
이메일에 바로 회신하지 않아도 된다

▷ 밀려드는 이메일에 숨이 막히는가?

▷ 받은메일함을 할 일 목록처럼 쓰고 있는가?

▷ 핸드폰을 전화하는 데 쓰기는 하는가?

우리는 이메일을 생산성이 떨어지는 방식으로 사용하고 있다. 이메일은 끊임없이 증식하며 주변을 옭아매고 잠식하는 덩굴식물처럼 우리를 화면 앞에 묶어둔다. 맥킨지의 연구에 따르면 우리는 노동 시간의 28%, 즉 일과 시간의 4분의 1에 달하는 시간을 이메일 관리에 쓴다. 대부분 사람들에게 이메일 관리는 본업이 아니다. 이메일은 업무 처리를 돕기 위한 도구로 등장했지만, 지금은 오히려 우리의 일을 방해하며 업무 속도를 떨어뜨린다.

왜 메시지를 보면 바로 회신하고 싶을까? 영장류 뇌는 본능적으로 '알림'에 반응한다. 부분적으로는 뇌의 긴급성 효과 urgency effect로 인해 발생하는 현상이다(주&양, 2018). 우리의 뇌는 중요도가 높은 '영양 사냥'이 주는 장기적 보상보다 이메일 정리 같은 자잘한 행동에서 얻는 즉각적인 만족감을 우위에 둔다.

즉, 우리는 중요도가 높지만 마감 기한이 없는 업무보다 중요도는 낮지만 마감 기한이 있는 업무를 훨씬 선호한다는 뜻이다. 뇌가 즉각적이고 확실한 보상을 얻기 때문이다. 심지어는 중요한 일을 제치고 급하지도 않은 일을 후다닥 처리하는 경우도 있다. 그렇게 하면 우리의 뇌는 무엇인가 하고 있다는 착각에 빠진다.

도전적인 업무를 앞에 두고 시작할 엄두가 나지 않을 때나 평소보다 어려운 문제에 직면했을 때 습관처럼 메일함을 여는 것도 이 때문이다. 이런 행동은 단기적으로는 가장 쉬운 해결책처럼 보이지만 문제 해결에는 아무런 도움이 되지 않는다.

즉시 회신 욕구 이겨내기

우리는 언제나 온라인에 접속한 상태다. 이메일을 받으면 곧바로 회신해야 한다는 압박감을 느낀다. 그러나 우리가 받는 이메일 대부분은 나중에 처리해도 아무 문제가 없는 내용이다. 재택근무 중에는 즉시 회신 욕구가 더 강해지는데, 그래야만 일하고 있다는 사실이 증명될 것 같아서다. 이 때문에 중요한 업무에 집중하거나 로그아웃 상태로 휴식하고 재충전해야 하는 시간에도 곧바로 회신하는 것에 집착하게 된다. 업무에 대해 생각하고 있다는 것을 증명하기 위해 언제나 온라인 상태여야 한다는 생각을 버리자.

이메일 습관
교정하기

다음은 이메일을 관리하는 극단적인 두 가지 방법이다.

- 받은편지함을 완전히 비우기 위해 강박적으로 모든 이 메일을 폴더별·색깔별로 분류한다.
- 분류를 포기하고 방치한다. 받은편지함에 3,000통 넘는 이메일이 쌓여 있지만 키워드 검색으로 필요한 정보를 찾을 수 있다고 생각한다.

다행히 이 방법 외에도 적절한 관리 방법이 있다.

● **이메일 확인 횟수를 줄여라.** 30분마다 메일함을 체크하고 알림을 켜두는 대신 알림을 끄고 편지함을 확인하는 주기를 늘리자. 수시로 들여다보지 말고, 메일함을 확인할 시간을 정해 나머지 시간에는 업무에 집중하라. 메일함을 30분에 한 번 확인하는 대신 1시간마다 확인하면 하루에 메일함을 들여다보는 횟수를 여덟 번 줄일 수 있다. 한 번 확인하는 데 15분 소요된다고 가정하면, 하루에 2시간을 절약하는 셈이다.

● **읽은 이메일은 옮겨라.** 읽은 후 필요 없는 이메일은 삭제하고 추후 조치가 필요한 이메일은 별도 보관한다.

● **전화를 활용하라.** 이메일을 두 번 이상 주고받아야 할 업

무라면 전화를 걸어라. 먼저 전화를 걸면 상대도 필요할 때 당신에게 편한 마음으로 전화할 수 있다. 전화 통화는 상대와 신뢰를 쌓을 수 있는 좋은 방법이다. 특히 서로 단절된 형태로 근무하는 환경에서는 전화 한 통이 더 반가울 수 있다.

　　● **이메일 에티켓을 정해 문제를 원천적으로 차단하라.** 팀 회의에서 내부 이메일 사용을 주요 안건으로 다루어보자. 모두 비슷한 생각을 하고 있어 이 논의를 환영할 것이다.

- 메일함 확인 주기를 팀원들에게 공유하자. 메일함을 보지 않는 시간에는 어떻게 연락하면 되는지 일러둔다.
- 긴급하지 않은 이메일의 회신 기한을 정한다.
- 메일 작성 시 참조인의 범위를 정한다. 적을수록 좋다.
- 중복 작업 방지를 위해 팀 이메일 관리 순서를 정한다.
- 근무시간 외 이메일 사용 규칙을 정한다.
- 특별한 내용 없는 감사나 답례 이메일은 하지 않는다.
- 효과적인 이메일 작성법에 대한 교육을 실시한다.
- 이메일 제목에 목적을 명시해 답장이 필요한 내용인지 정보 공유인지 알린다.
- 퇴근 후 이메일을 보내는 직원에게는 임시저장이나 내게보내기 기능을 사용했다가 다음 날 업무 시간에 내용과 어투를 다시 한번 확인한 후 발송하게 한다. 이렇게 몇 분만 투자하면 쓸데없는 오해나 불쾌감을 피할 수 있

다. 아침에 보내는 이메일은 전날 저녁에 와인 한잔하며 작성한 이메일과 확연히 다르다.

• 내용을 정리하지 않고 같은 주제로 두세 번씩 이메일을 보내는 직원에게도 주의를 준다. 복잡한 사안을 설명할 때는 전화 통화가 더 효과적이라는 점도 알려준다.

• 팀에 신규 직원이 오면 이메일 작성 규칙을 알려줘라. 조직이 자신의 시간을 존중한다는 느낌을 받을 것이다.

10장에서는 이메일 관리 방법을 배웠다. 11장에서는 방해하는 사람들에 대처하는 방법을 이야기할 것이다.

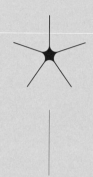

11장
업무 방해자들을 물리치는 법

▷ 누군가 불쑥 찾아와 "이것만 잠깐…" 하고 방해하는 일이 많은가?

▷ 업무를 방해받고 난 뒤 집중력을 회복하기까지 얼마나 걸리는가?

▷ 갑자기 찾아와도 괜찮은 시간을 미리 정해 공지하는 것이 가능한가?

저 여자는 무려 18개 국어를 구사하면서

그중 어떤 언어로도 거절은 하지 못한다.

—도로시 파커Dorothy Parker

많이 겪어본 상황일 것이다. 드디어 진짜 중요한 업무에
집중할 기회가 왔다. PIMP 모델을 활용해 중요 업무 일정을 잡고
작업을 시작한다. 일에 점점 빠져든다. 메시지 알림도 핸드폰도
모두 껐다. 기분이 좋다. 지금까지는 아주 잘 되고 있다. 그러다
동료가 불쑥 찾아온다. 당신이 깊은 몰입에 빠져 일하는 중이라
는 것을 모른 채 동료가 말한다. "잠깐 시간 괜찮아요? 이것 좀 같
이 살펴보려고 왔는데."

　업무를 끊는 모든 행위가 부정적인 것은 아니다. 업무를
요청하러 온 동료 덕에 간과했던 실수를 발견해 재작업을 막을
수도 있다. 다만 이런 요청이 미리 지정한 시간대에 한꺼번에 들

어오도록 조율하는 것이 중요하다. 불쑥불쑥 나타나 당신을 방해하는 시간 도둑을 요령 있게 관리해야 한다는 뜻이다.

우선 잦은 업무 방해가 왜 문제가 되는지 데이터를 통해 알아보자. 피터 브레그먼Peter Bregman은 자신의 책에서 마이크로소프트Microsoft가 진행한 업무 방해 관련 연구를 인용했다. 연구팀은 사무실에서 일하는 직원들의 모습을 29시간 녹화해 분석했는데, 업무 방해가 시간당 평균 4회 발생한다는 점을 알 수 있었다(평소에 주변에서 듣는 것에 비하면 상당히 양호하다).

더 우려스러운 점은 업무 방해 요소가 사라진 후에도 이전 작업으로 돌아가지 못하는 경우가 40%에 달했다는 사실이다. 하고 있던 작업이 복잡할수록 재개 확률이 낮았다. 업무가 도중에 끊기면 깊게 집중하고 있던 일로 돌아가기 더 힘들다는 의미다. 몰입으로 돌아갈 수 없어진 사람들은 쉽고 가치가 낮은 업무로 눈을 돌린다.

가까스로 다시 몰입 상태에 진입해도 곧 튕겨 나오기는 마찬가지다. 캘리포니아대학교에서 관련 연구를 진행한 글로리아 마크Gloria Mark에 따르면 업무가 끊긴 사람들이 하던 일로 돌아갔다가 또 다른 방해에 직면하기까지 걸린 시간은 12분 18초에 불과했다. 업무가 끊기면 사람들은 보통 원래 작업으로 돌아가기 전까지 다른 일을 두 개 정도 처리하는데, 그중 이메일 발송이 가장 높은 비중을 차지했다. 이렇게 발송된 이메일은 수신자의 업무 흐름을 방해하고, 수신자가 답신하면 발송자의 업무 흐름도 끊긴다. 이렇게 서로 업무를 방해하는 일이 끝없이 이어지는 것이다.

글로리아 마크에 따르면 사람들은 업무 방해에 대처하기 위해 일의 처리 속도를 높이는 법을 터득했다. 마크의 실험에서 참가자들은 방해받은 업무를 제시간에 훌륭하게 완료했다. 그들은 업무 방해가 발생한 후에도 생산적이었다. 처리 시간은 짧아지고 생산성은 유지되었다니 훌륭한 결과처럼 보인다. 그러나 속도에 대한 대가는 가혹하다. 시간에 대한 압박을 끊임없이 받아 답답함을 느끼고 스트레스를 받는다. 이것이 바로 전형적으로 사람을 좀먹는 가짜 바쁨이다.

업무 방해
관리법

방해를 피하기 위해 집이나 회의실에 숨는 방법이 있다. 사무실에서 근무하면 서로의 모습을 볼 수 있으니 방해하면 안 되는 때가 언제인지 대충 분위기로 파악할 수도 있다. 숨는 것도, 분위기로 파악하게 하는 것도 방법이긴 하지만 가장 좋은 방법은 직접 알리는 것이다. 업무 요청이나 보고 등을 위해 찾아와도 무

방한 시간대를 지정해 공지하면 나머지 시간 동안 방해받지 않고
일할 수 있다.

방해 가능한 시간대를 미리 지정하라

작은 컨설팅 회사의 임원 아비의 경우를 보자. 아비의 핵
심 업무는 조직을 위한 신규 사업 창출과 팀 관리였고, 비공식적
으로는 팀원들의 멘토링도 담당했다. 그러나 팀을 관리하며 신규
사업을 끌어오기는 쉽지 않았다. 매일 기존 고객을 상대하고 팀
원들을 하나하나 돌보면서 급한 불을 끄다 보면 일주일이 금세
지나갔다.

아비는 사람들에게 필요한 존재가 되는 것을 좋아했다. 그
는 직원들이 결정을 내리기 전에 반드시 자신에게 자문을 구한다
는 사실에 자부심을 느꼈다. 아비는 여기저기서 도움을 요청하는
직원들을 돕기 바빴고, 사무실에서 그를 만나기는 점점 힘들어졌
다. 게다가 모두가 아비의 의견을 듣고 나서 일을 진행하려고 하
니 본의 아니게 그는 업무 진행을 방해하는 존재가 되어버렸다.

사실 아비의 업무 성과는 신규 사업 수익을 바탕으로 평가
되었다. 그런데 팀원들의 잦은 방해로 사업을 개발할 시간이 없
으니 답답한 노릇이었다. 아비도 팀원들도 점점 지쳤고, 그가 속
한 조직의 CEO가 느낀 답답함은 이루 말할 수 없었다. 아비는 상
황을 개선하기 위해 두 가지 시도를 했다.

● **'요청 처리소' 운영:** 아비는 매일 오후 4시부터 퇴근 전까지 팀원들이 언제든 업무를 요청하거나 질문할 수 있도록 사무실을 개방했다. 그 시간에는 컴퓨터 화면을 끄고 직원을 바라보며 앉았다. 그러고는 눈앞의 직원이 하는 말에 온전히 집중했다.

그렇게 매일 시간을 정해 직원들의 요청을 받는 일은 결코 쉽지 않았다. 그러나 아비는 예외적인 상황 몇 번을 빼고는 이 약속을 지켰다. 며칠 시도하다가 다시 예전으로 돌아갈 것이라면 안 하느니만 못하다. 신뢰가 무너지기 때문이다.

● **정기 면담:** 아비는 팀원들과 짧은 개인 면담을 수시로 잡았다. 면담은 정식 회의 앞뒤로 20분가량, 스탠드업 형식으로 진행했다. 팀원 각자가 맡은 일은 무엇인지, 올바른 방향으로 가고 있는지 점검했다. 면담 덕에 잠재적인 문제를 조기에 포착해 큰일로 번지는 것을 막을 수 있었다.

결과는 분명하고도 즉각적이었다. 팀원들과 함께하는 일정을 늘림으로써 그들과 떨어져 보내는 시간을 더 많이 확보할 수 있었다. 팀원들도 아비가 필요할 때 언제 어디로 찾아가면 되는지 알고 있으니 그를 수시로 방해하지 않았다. 아비는 팀원들을 지도하는 시간을 제외한 근무시간에 자신의 우선순위 업무를 처리하고 목표를 달성할 수 있었다.

의사소통이 원활해지자 아비는 더 좋은 관리자가 되었다.

그의 지도와 격려로 팀원들은 스스로 생각하는 법을 배웠고, 역량을 키워 아비에 대한 의존도를 줄여나갔다. 시간이 흐르며 아비는 불필요한 면담을 정리했다. 팀원들은 자신들의 말에 진심으로 귀 기울이는 아비를 좋아했고, 그의 리더십 평가도 좋아졌다. 대부분의 업무 방해는 요청 가능한 시간을 미리 명확하게 알림으로써 예방할 수 있다.

　나는 인사팀, 법무팀 등 사내 지원부서에도 이 방법을 자주 권한다. 이 부서들은 직원들의 요청에 대응하느라 본래 업무에 집중하지 못해 어려움을 겪곤 한다. 내 조언을 듣고 직원들이 찾아오거나 요청을 보낼 수 있는 시간을 정해 다음과 같이 공지한 부서가 있었다. '매일 오전 11시 이후에 찾아오시면 언제든 시간을 내어 도와드리겠습니다.' 그들은 혹시라도 불만이 제기될까 걱정했지만 직원들은 오히려 긍정적으로 받아들였다. 가끔 직급이 높은 사람들이 절차를 무시하는 경우도 있었지만 대부분은 새로운 규칙을 존중했다.

어떤 요청을 수락할지 정하라

　일하는 도중에 들어오는 요청을 전부 수락할 수는 없다. 시간은 유한하기 때문이다. 물론 모두 만족하면 좋겠지만 그것은 불가능하다. 당신이 팀장이라면 관리자로서 불필요한 요청은 차단하고 팀원들의 업무를 조율해야 한다. 그래야만 구성원들이 관리자를 믿고 일할 수 있다.

진정한 가치를 창출하는 업무만 선별하고 나머지 요청은 거절하는 것이 관건이다. 일상적으로 들어오는 자잘한 업무 요청과 중요도가 높은 헤드 스페이스 업무를 잘 구별해야 한다는 의미다. 추가 업무의 가치를 가늠할 때는 다음 질문들을 던져보자.

- 내 업무의 일부인가? 내가 보수를 받고 하는 일인가?
- 내 직급의 고성과자가 할 만한 일인가?
- 커리어에 도움이 되는가? 개인의 브랜딩과 평판에 도움이 되는가?
- 흥미롭고 재미있는 일인가? 도전적이고 색다른가? 수익성이 있는가?
- 이 일을 함으로써 새로운 네트워크나 이해관계자, 기술을 접할 수 있는가?
- 내 역량을 가장 잘 활용할 수 있는 방법인가? 기여할 수 있는 더 좋은 방법이 있지는 않은가?(특히 봉사활동이나 공익활동을 할 때 고려하면 좋은 질문이다. 보호소 건설 작업에 직접 참여하는 것과 건설 사업을 위한 모금활동 중 어떤 것이 더 큰 영향을 줄 수 있을까?)

정중하고 단호하게 거절하는 방법

다음은 업무 요청을 거절해도 상대방과 긍정적인 관계를 유지하는
방법이다. 동료들에게도 공유하자.
거절 시에는 입장을 분명히 밝히고 다른 선택지를 제시하면 좋다.

- 누군가 당신이 할 의사가 전혀 없는 일을 떠넘기려고 할 때는 단
  호하게 거절한다. "도와드릴 수 있으면 좋겠지만 여력이 없네요."

- 다른 사람, 다른 팀을 권하거나 해결책을 제시해도 되지만 거절
  사유를 지나치게 자세히 설명할 필요는 없다.

- 심기를 거스르고 싶지 않은 중요한 고객이나 이해관계자가 불필
  요한 작업을 반복적으로 요청할 때는 다음과 같은 표현을 활용해
  보자. "이 문제에 대해 잠깐 논의할 수 있을까요? 현재로서는 원래
  계획된 업무 범위 안에서 방법을 찾는 게 최선일 것 같습니다."

- 여러 상사에게서 상충되는 요청이 들어올 때는 상사들끼리 소통
  해 문제를 조율하게 하라. "저도 하고 싶은데 본부장님 요청으로
  이 업체와 이야기하기로 했습니다. 두 분이 상의하셔서 어떤 일을
  먼저 처리하면 좋을지 말씀 부탁드립니다."

- 합리적인 요청이지만 바로 처리할 수 없을 때도 있다. 이럴 때는
  거절하면 요청자가 직접 처리하기도 한다. "제가 지금은 여력이
  없는데 언제까지 하면 될까요?"

- 다른 사람에게 업무를 요청할 때는 반대로 물어보는 것이 효과적
  이다. "최대한 빨리 하면 언제까지 가능할까요?"

- 다른 부서와 협업 중인데 상대방이 요청하는 작업이 당신의 우선순위에 맞지 않을 때는 이런 식으로 말해보자. "무엇을 원하시는지 알겠습니다만 다른 방법은 없을까요? 30분 정도만 시간을 내서 생각해보죠."

- 지금 당장 해달라는 요청에 대해서는 다음과 같이 대응할 수 있다. "지금은 마감이 임박해서요. 하던 일을 마치는 대로 제가 자리로 갈게요." "당장은 곤란합니다. 30분 후에 다시 오실 수 있나요?"

5분이 없는 이유를 설명하느라 5분을 쓰지는 말자. 어차피 '5분만'이 진짜 5분으로 끝나지는 않는다.

상습적인 방해꾼에 대응하기

여러 번 같은 요청을 하거나 막판에 요청을 보내 일정을 꼬이게 하는 사람들이 있다. 대개 이런 요청을 보내는 상대는 혼돈을 몰고 다니는 경쟁적 바쁨 중독자들이다.

이들은 늘 막바지에 다다라서야 요청을 보낸다. 오전 9시에 회의가 시작되는데 7시에 갑자기 문자로 정보를 요청하는 식이다. 상대가 상급자라면 방법이 없다. 조금 더 계획적으로 일했으면 하는 아쉬움이 남겠지만 상사에게 그런 지적을 하는 것은 커리어에 도움이 되지 않는다. 상대를 지적한다는 인상을 주지 않고 필요한 말을 꺼낼 때 쓸 수 있는 적절한 표현이 있다. 바로

'그러고 보니…' 라는 표현이다.

"그러고 보니 고객 미팅이 있을 때 데이터 요청하시는 일이 잦네요. 일주일에 한 번씩 연락해 일정을 미리 알려주시는 건 어떨까요? 그러면 저도 자료를 더 꼼꼼히 준비할 수 있으니 도움이 될 겁니다."

"그러고 보니 발표 직전에 슬라이드 내용 변경을 자주 요청하시네요. 발표 전날 오후에 15분씩 만나서 미리 점검하는 건 어떨까요? 준비하는 데 도움이 될 겁니다."

"그러고 보니 중간에 범위가 변경된 프로젝트가 몇 건 있더군요. 브리핑 단계에 시간을 좀 더 투자하면 모두에게 도움이 될 것 같습니다. 관련 인력이 전부 참여하는 회의에 시간을 좀 더 할당하는 것은 어떨까요? 서로 상황을 이해하는 데 도움이 될 겁니다."

'도움이 될 겁니다'라는 말로 문장을 끝맺는 것은 좋은 전략이다. 내가 아닌 상대를 위해 권유한다는 인상을 주기 때문이다.

경계를 분명히 하라

당신이나 팀원 중 누군가의 편의를 위해 정해진 과정이나 규칙을 어기면 그때부터는 아무도 경계를 존중하지 않는다. 월말에 경비를 지급받기 위해서는 당월 20일까지 신청 내역을 입력해야 한다는 규정이 있다면 모두가 그 규정을 지켜야 한다. 누군가의 사정을 봐주기 위해 예외를 두는 순간 규정은 힘을 잃는다. 경계는 항상 분명해야 한다.

12장
당신은 매일 1시간씩 잃어버리고 있다

▷ 앱과 소셜미디어의 유혹에 쉽게 넘어가는 편인가?

▷ 핸드폰을 계속 확인하는가? 화장실에 갈 때도 마찬가지인가?

"주의는 지금 당장 하는 일에 관한 것만이 아니다. 주의는 삶 전체를 항해하는 방식과 관련 있다. 다시 말해 당신이 누구인지, 어떤 사람이 되고 싶은지, 그리고 당신이 이것들을 어떻게 정의하고 추구하는지에 관한 것이다."

—제임스 윌리엄스James Williams,

구글 전략가 출신 옥스퍼드대학 연구원, 기술윤리학자

플라톤과 아리스토텔레스를 비롯한 고대 그리스 철학자들은 일할 필요로부터의 자유, 즉 여가를 인간 존재의 목표로 보았다. 이들은 여가가 사색과 미덕, 궁극적으로는 인간이 이룰 수 있는 최상의 덕인 '에우다이모니아eudaimonia'로 이어진다고 여겼다. 그로부터 2,500년이 흐른 지금, 인류는 문명의 진화를 거듭한 끝에 하루 380만 개가 넘는 고양이 동영상을 공유하고 있다. 이 세상을 보면 그리스 철학자들은 뭐라고 말할까? 이것이 우리가 바라던 모습일까?

물론 소셜미디어 사용과 현황 확인이 업무인 사람도 있다. 그러나 그 외의 경우 소셜미디어는 업무 생산성과 우리 삶의 행복을 심각하게 위협할 수 있다. 각종 플랫폼이 정신건강에 미치는 악영향에 대해서는 이미 많은 논의가 진행되고 있다. 게다가 소셜미디어는 대표적인 생산성 저해 요소로 꼽힌다. 직장인들은 업무 방해 요소로 이메일과 회의를 가장 많이 언급하지만, 앱 중독도 그에 못지않다.

스마트폰은 놀라운 연결망을 제공하는 정보의 원천이었다. 영화를 보다가 배우의 이름이 기억나지 않을 때나 헝가리 음식 굴라시의 재료가 궁금할 때 바로바로 찾아볼 수 있었다. 터치 몇 번으로 무한한 지식에 접근할 수 있는 것이다. 순식간에 우리는 즉각적인 정보와 끊임없는 산만함에 중독되었다(심지어 잘못된 정보도 많다). 스마트폰의 높은 연결성과 접근성은 순간적이고 즉각적인 만족에 중독된 사회가 낳은 산물이자 이런 사회를 초래한 원인이기도 하다.

10대인 내 아들은 1,000달러(한화 약 133만 원)에 육박하는 고가의 스마트폰을 들고 학교에 간다. 친구들이 쓰는 것과 같은 기종이다. 옛날 사람이라고 흉봐도 어쩔 수 없다. 나는 사실 아이들에게 이렇게 비싼 게임기를 사줘야 하는 이유를 모르겠다. 스마트폰은 무의미한 오락과 잘못된 정보의 원천이기도 하니 더 우러스럽다.

내게 코칭을 받는 사람들 중에는 앱 중독에서 벗어나기 위해 구식 핸드폰이나 피처폰을 사용하는 사람도 있다. 대포폰이냐며 혹시 마약이나 불륜에 연루된 것이냐는 짓궂은 농담도 들었다고 한다. 그들은 필요한 앱은 태블릿PC로 사용했다. 핸드폰에 설치했을 때처럼 계속 들여다보지 않으니 시간을 훨씬 더 잘 통제하게 되었다고 말했다. 항상 온라인 상태를 유지하며 겪어야 하는 가짜 바쁨을 단호히 끊어낸 것이다.

나도 서랍장에 있는 옛날 핸드폰을 꺼내야 하나 고민했다. 하지만 나는 가볍고 예쁘고 날렵한 스마트폰을 정말 좋아한다. 사실 모두가 그럴 것이다. 나는 오더블Audible이나 스포티파이Spotify 구독을 포기할 수 없고, 팟캐스트 없는 삶은 상상도 할 수 없다. 내가 핸드폰을 잘 통제할 수 있기를 바랄 뿐이다.

넷플릭스와 스마트폰 중독에서 벗어나자

미디어 플랫폼 기업들은 우리의 주의를 조금이라도 더 끌기 위해 경쟁한다. 알고리즘을 이기려면 초인적인 의지가 필요하다. 우리는 게임을 껐다가도 '다음 레벨까지만 해야지' 하는 생각에 금방 다시 접속한다. 맞춤형 광고와 알림도 끊임없이 우리를 유혹한다.

넷플릭스Netflix CEO 리드 헤이스팅스Reed Hastings가 넷플릭스의 경쟁 상대로 잠을 꼽은 일화는 유명하다. 밤새 넷플릭스를 보며 피곤해하면서도 말똥말똥하게 깨 있는 우리의 상태를 제대로 파악한 것이다. 사람들은 대부분 넷플릭스 시청 중에도 핸드폰을 만지작거린다. 이런 의미에서 넷플릭스와 스마트폰 앱은 경쟁 관계가 아니다. 핸드폰을 보지 않고 한 화면에만 집중하게 만들 수 있다면 그야말로 엄청난 성공일 것이다.

소셜미디어에 쓰는 시간

2016년 메타Meta가 밝힌 16억 5,000만 사용자들의 하루 평균 자사 플랫폼(페이스북, 인스타그램, 페이스북 메신저) 사용 시간은 50분이다. 지금은 더 늘어났을 것이다.

50분이라고 하면 별로 길게 느껴지지 않는다. 그러나 제임스 B. 스튜어트James B. Stewart가 〈뉴욕타임스〉에서도 지적했듯, 하루는 24시간이고 그중 평균 수면 시간은 8.8시간이다(참 부러운 사람들이다). 페이스북 사용자들은 깨어 있는 시간의 16분의 1을 페이스북 플랫폼에 쓴다는 이야기다. 어마어마한 헤드 스페이스 낭비다.

그 귀중한 시간을 이용해서 페이스북이 우리에게 무엇을 팔려고 하는지, 무엇을 알아내려는 것인지는 정확히 알 수 없다. 그러나 소셜미디어 기업에게는 시간이 가장 중요하다. 앱에 머무는 시간이 길어질수록 사용자는 그 안에 더 강하게 빠져든다. 우리는 자기 자신을 '사용자'라고 부르지만, 생각해보면 우리가 소셜미디어를 사용하는 것이 아니라 소셜미디어가 우리를 이용하는 것에 가깝다.

　나는 몇 년 전 페이스북을 탈퇴했다. 이유를 묻는 이들에게는 페이스북이 세계 민주주의에 준 악영향 때문이라고 거창하게 대답한다. 부분적으로는 그 이유도 있다. 그러나 사실대로 말하자면 페이스북에 옛 애인의 흔적이 너무 많았기 때문이다. 그들의 계정을 들여다보며 염탐하는 일은 소모적이었다. 솔직히 페이스북을 쓰면서 자신을 긍정적으로 생각한 적이 얼마나 있는가?

　임종의 순간이 오면 일에 지나치게 많은 시간을 쓴 것을 후회한다는 말이 있다. 조만간 '소셜미디어 접속 시간을 줄일걸' 하고 후회하는 사람도 꽤 나오지 않을까?

소셜미디어 사용을 줄이면 그 시간에 무엇을 할 수 있을까?

당신에게 주어진 차분한 시간을 어떻게 쓸 수 있을지 적어보자.

스마트폰은 끊임없이 주의를 분산시킨다

앞서 언급한 전환비용을 떠올려보자. 전환비용은 주의가 흐트러졌을 때 다시 집중하기까지 걸리는 시간이다. 우리는 핸드폰을 정해진 시간에 몰아서 사용하지 않고 수시로 들여다본다. 이러한 사용 방식은 전환비용을 더 키운다. 리서치 기업 디스카우트Dscout에 따르면 현대인이 하루 평균 핸드폰을 만지는 횟수는 2,617회다. 상위 10% 사용자의 경우 이 수치의 2배에 달하는 5,427회다. 이것을 1년으로 환산하면 무려 100만 번이다. 시간으로 따지면 하루 평균 2.42시간, 상위 사용자의 경우에는 3.75시간이다. 이렇게 핸드폰을 만지며 다시는 돌아오지 않을 시간이 흘러가고, 흐트러진 집중력을 회복하기까지 또 적지 않은 시간을 흘려보낸다.

스마트폰을 주변에 두는 것만으로도 문제가 된다. 텍사스대학교 에이드리언 워드Adrian Ward 교수에 따르면 스마트폰이 근처에 있는 것만으로 우리의 기억력은 부정적인 영향을 받는다. 혹시 자녀가 스마트폰을 옆에 두고 숙제를 하고 있다면 이 사실을 꼭 알려주길 바란다.

소셜미디어 사용은 몰아서 하자

거대 IT 기업을 이길 수는 없다. 우리의 주의를 끄는 것이 이들 기업의 존재 목적이기 때문이다. 뻔한 잔소리처럼 느껴지겠지만, 이런 상황에서는 핸드폰 사용을 자제할 수 있는 방법을 스스로 생각해야 한다.

나는 핸드폰에 대한 파블로프적 반응을 이겨내기 위해 일하는 중에는 핸드폰을 멀리 두려고 노력한다. 핸드폰이 멀리 있으면 습관처럼 집어들 일도 없다.

주의력도 관리 대상이다

다른 직원들을 관리하는 위치에 있다면 그들의 주의력까지 관리해야 한다. 업무를 버거워하는 직원이 있다면 혹시 앱 중독은 아닌지 한번 확인해보자.

업무용 소셜미디어

나는 채용 담당자로 일하던 2006년 링크드인에 처음 가입했다. 당시 나는 링크드인을 활용해 세계 곳곳의 인재 네트워크에 접근할 수 있었다. 코치이자 전문 강연가인 지금의 내게 링크드인은 전 세계 청중들과 소통하는 창구이기도 하다. 링크드인은 사람들이 서로 연결될 수 있는 판을 만들었고, 관계를 구축하는 방식을 획기적으로 바꿔놓았다.

그러나 내가 《생각 뒤집기Mind Flip》에서 강조했듯 서로에게 도움이 되고 오래 지속되는 관계는 오프라인에서 구축된다. 링크드인, 트위터를 비롯한 소셜미디어 플랫폼은 수많은 접점 중

하나일 뿐이며, 느슨한 연결과 가벼운 정보 공유에 더 적합하다. 진정한 비즈니스 관계는 대면이든 화상이든 상대와 직접적인 대화를 통해서만 구축할 수 있다.

우리는 시도 때도 없이 소셜미디어 피드를 들여다보며 이 것도 일이라고 변명하곤 한다. 하지만 가슴에 손을 얹고 답해보자. 그것이 정말 당신의 일인가? 소셜미디어 관련 업계에 종사한다면 그럴 수도 있다. 그렇지 않은 사람들은 진지하게 생각해보자. 소셜미디어가 당신이 원하는 고객이나 청중에게 다가가는 최선의 방법인가? 더 빠르고 좋은 방법은 없는가? 연락이 뜸해진 지인에게 전화를 걸어 안부를 묻는 편이 낫지 않겠는가?

당신의 고객층이 주로 링크드인을 사용한다면 페이스북이나 인스타그램 페이지를 꾸미는 데 많은 시간을 투자할 이유가 전혀 없다. 여러 플랫폼을 확인함으로써 잠재 고객이나 파트너의 생각을 조금 더 파악할 수는 있다. 하지만 필요한 정보를 얻은 후에는 피드를 계속 들여다보며 시간을 낭비할 필요가 없다.

소셜미디어가
성공의 필수 요건은
아니다

스마트폰을 손에서 떼지 못하고, 심지어는 핸드폰을 두 개씩 들고 다니며 온갖 게시물에 댓글을 달고 온라인으로 설전을 벌이는 형편없는 관리자를 정말 많이 봤다. 그런가 하면 소셜미디어에서 거의 활동하지 않는 크게 성공한 사람도 많이 알고 있다. 아마도 이것이 우연은 아닐 것이다.

13장
단순하지만 강력한
업무 스케줄 관리법

▷ 기나긴 할 일 목록에 끝내지 못한 일들이 가득한가?

▷ 오늘 끝내지 못한 일을 내일의 할 일 목록으로 옮기는가?

▷ 할 일 목록 작성을 아예 포기했는가?

　밀려드는 업무에 파묻히지 않으려면 매일 활용할 수 있는 관리 체계가 필요하다. 할 일 목록을 잘 활용하면 이미 처리한 일과 앞으로 해야 할 일을 효과적으로 기록하고 관리할 수 있다. 게다가 할 일 목록에서 완수한 일을 지울 때 분비되는 도파민은 정말 짜릿하다. 나는 끝낸 일을 목록에서 지울 때 느끼는 쾌감을 다시 맛보려고 이미 완료한 일을 목록에 다시 적고 지워본 적도 있다.

할 일 목록
작성법

　할 일 목록은 집안일로 산만해지기 쉬운 재택근무 시에 특히 유용하다. 할 일 목록을 잘 쓰면 우선순위 업무들을 엮어 체계화할 수 있다. 다음은 할 일 목록을 써야 하는 세 가지 이유다.

● **미루는 버릇이 고쳐진다.** 해야 할 일을 적어둔 목록이 있으면 한 가지 일을 끝내고 다음으로 넘어갈 때 꾸물거리며 낭비하는 시간을 절약할 수 있다. 회의를 마친 후에도 자리로 돌아와 무슨 일을 할까 고민하지 않고 바로 다음 작업에 착수할 수 있으니 괜히 핸드폰을 집어 들거나 이메일을 보내거나 웹 서핑을 하는 일을 막을 수 있다. 다음 일정까지 30분 여유가 있다면 사소한 업무를 몇 개 골라 처리하면 된다. 이미 목록으로 정리해놓았으니 할 일을 생각해내느라 시간을 낭비할 일이 없다.

● **통제감을 느낄 수 있다.** 할 일이 너무 많으면 오히려 아무것도 하지 못 하고 얼어붙는다. 그러나 우선순위를 반영해 목록을 작성하면 해볼 만하다는 생각이 든다. 리더십 전문가 피터 브레그먼은 이를 두고 '버거움의 안개를 걷어낸다'라고 표현했다.

선택지가 많을수록 하나를 선택하기는 어렵다. 무엇을 골라야 하나 고민하다 보면 결국 아무것도 못 한다. 일정표도 인생도 너무 빽빽이 채우면 안 되는 이유다. 과유불급을 기억하자.

나는 하고 싶은 일을 모두 적은 리스트는 따로 관리하고, 매일 하는 일의 목록은 가능한 한 짧게 쓴다. 주요 업무는 하루에 한 개만 배치하고, 그 외 일상적인 업무는 포스트잇에 적어 관리하는 것이 이상적이다.

● **집중하는 데 도움이 된다.** PIMP 모델을 설명할 때 언급한 자이가르닉 효과를 기억하는가? 완수한 작업보다 아직 하지 못

한 작업 또는 하다가 중단된 작업이 더 마음에 남는 현상이다. 끝내지 못한 사소한 일들이 자꾸 생각나 불안할 때는 할 일 목록에 적고 그 일을 언제 할지 계획을 세우자. 계획하는 것만으로도 마음이 안정되어 중요한 일에 집중할 수 있다. 할 일 목록을 잘 활용하면 제시간에 퇴근해 휴식을 취할 수 있다.

할 일 목록을 잘못 활용한 예시

혹시 시간을 제대로 관리하지 못해 어려움을 겪고 있다면 할 일 목록을 다시 점검하자. 문제의 원인을 파악할 수 있을 것이다. 내가 코칭하며 발견한 공통적인 문제점은 다음과 같다.

- 할 일 목록을 쓰지 않는다.
- 할 일 목록이 너무 빽빽하다. 목록을 종이가 아닌 화면에 적는다. 몇 페이지에 달하는 할 일 목록을 작성해 일을 못 끝낸다. 미완수 항목을 다음 날이나 다음 주 목록으로 옮기는 것 자체가 번거로워져 결국 목록 작성을 그만두게 된다.
- 목록이 너무 길거나 짧지는 않지만 우선순위 구분 없이 모든 항목에 같은 비중을 둔다. 결국 시간이 없으면 목록에 있는 일들 중 잡무만 처리하고 정작 중요한 일은 미완으로 남아 스트레스를 받는다.

할 일 목록 작성하기

앞에서 다룬 내용을 적용해 효과적인 할 일 목록을 작성해보자.

1. 개인적인 목표들을 명확히 설정한다. 상사의 주요 현안, 조직의 목표 그리고 당신의 가치관에 부합해야 한다. 당신이 삶과 직업에서 성취하고 싶은 것은 무엇인가?

2. 설정한 목표를 달성 가능한 것과 달성해야 하는 것으로 세분화한다.

3. 세분화한 단계들은 당신의 우선순위 업무 목록이자 장기적인 할 일 목록이 된다. 장기 목록에는 주제별·목표별로 해야 하는 모든 일을 적는다. 연간 목록과 월간 목록을 나누어 관리해도 좋다.

4. PIMP 모델을 활용해 중요 업무 일정을 정하고 일정표에 기입한다. 일정표에 적음으로써 당신의 목록은 단순한 희망 사항이 아닌 실행할 수 있는 계획이 된다.

5. 우선순위에 둔 업무를 중심으로 전화 통화, 행정 업무, 잡무 등 자잘한 일을 틈틈이 배치해 일간이나 주간 할 일 목록을 작성한다. 쉽고 사소한 일 중에 동시에 처리할 수 있는 것들이 있는지 살펴보자. 팟캐스트를 들으면서 단순한 행정 업무를 처리하거나 점심을 먹으러 가는 길에 짧게 업무 통화를 할 수 있다. 길어질 것 같으면 산책 시간을 활용할 수도 있다. 잠시 시간을 내서 업무 통화를 하면 번거롭게 이메일을 주고받지 않아도 된다.

할 일 목록 작성 주기

다양한 시도를 통해 자신에게 맞는 최적의 방법을 찾는 것이 좋다. 나는 매주 금요일에 전체 할 일 목록을 업데이트하고 행정 업무를 처리하는 데 3시간 정도를 쓴다. 일간 할 일 목록은 매일 작성하는데, 눈앞에 두고 볼 수 있도록 포스트잇이나 메모지에 적는다. 일간 목록을 작성할 때는 그날 반드시 완료해야 할 일을 하나 정해 일정표에 가장 먼저 기입한다.

할 일 목록 앱

할 일 목록 앱은 무수히 많다. 에버노트Evernote, 원노트OneNote, 구글 태스크Google Tasks, 투두이스트Todoist, 분더리스트Wunderlist+, 애니두Any.do. 리멤버 더 밀크Remember the Milk 등 끝도 없다. 다양한 앱을 활용해보고 가장 잘 맞는 것을 찾자. 앱을 쓰니 오히려 일정 관리가 더 복잡해진다면 굳이 쓸 필요 없다.

업무 흐름 관리

2019년, 나는 MIT 슬론 경영대학원의 다이내믹 업무 설계 과정을 공부하기 위해 보스턴에 갔다. 내 목표는 조직 차원에서 업무 절차를 개선하는 최신 지식을 배우는 것이었다. 넬슨 리페닝Nelson Repenning 교수의 프로세스 개선 강의는 세계적으로 명성이 자자했다. 강의실에 도착하자 복잡하고 새로운 내용을 배울 생각에 조금 긴장되었다.

그러나 리페닝 교수가 학생들에게 건넨 것은 포스트잇과 네임펜이었다. 그는 학생들에게 사례 연구를 보고 업무 흐름을 방해하는 요소를 찾아 종이 차트 위에 그려보라고 했다. 나는 크게 안도했다. 그래 이게 본질이지! 간단한 사람 그림과 구불구불한 선을 동원해 프로젝트의 전체 그림을 그리니 어느 단계에서 문제가 발생했는지 곧바로 파악할 수 있었다.

시중에는 값비싼 소프트웨어 도구가 많다. 그러나 리페닝 교수의 말대로 그날 우리는 그런 소프트웨어 사용법을 익히는 시간보다 더 짧은 시간 안에 생산성 방해 요소를 파악하고 수정했다.

많은 조직이 트렐로Trello를 비롯한 다양한 협업 도구를 사용한다. 당신도 이런 도구를 한두 개쯤 사용하고 있을지 모른다. 그러나 구닥다리 비주얼 맵핑 방식이 지닌 단순함의 힘은 생각보다 강하다. 고객들과 상담할 때도 칠판에 팀 업무 절차를 그려보면 어느 지점에서 업무 지연이 발생하고 있는지, 어느 부분에서 업무 분배가 불공정한지 곧바로 파악할 수 있다.

지금까지 업무의 효과적인 진행을 위한 전략들을 살펴봤다. 14장에서는 스스로 만드는 있는 업무 장해물에 무엇이 있는지 알아보자.

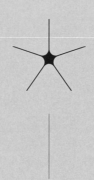

14장
잘하는 것보다 끝내는 것이 중요하다

▷ 할 일이 있을 때 이런저런 핑계를 대며 시작을 미루는가?

▷ 일을 시작하기 전에 메일함과 핸드폰을 확인하고
커피를 한 잔 내리는가?

▷ 주요 업무 시작 전에 잡무를 다 끝내야 직성이 풀리는가?

우리는 왜 할 일을 앞에 두고 질질 끌며 딴짓을 할까?

한 가지만 기억하자. <u>할 일을 끝내기 위해서는 일정표에 적어야 한다.</u>

우리는 지금까지 우선순위 업무를 무사히 마치기 위해 일할 시간과 장소를 계획하는 법을 자세히 살펴보았다. 선택지를 최소화하고 방해 요소를 줄여주는 PIMP 모델 활용법도 배웠다. 앞서 언급한 파킨슨의 법칙도 기억할 것이다. 업무가 한없이 늘어지는 것을 막기 위해서는 각 업무에 필요한 시간을 정확히 파악해 계획을 세워 실행해야 한다.

기준이 높으면
시작하기 어렵다

다음의 목록을 활용해 필요한 곳에 노력을 집중적으로 쏟아보자.

● **선택지를 줄여 일의 중압감을 덜어내라.** 나는 중요한 일이 세 가지 정도 있을 때는 잘 해낸다. 그러나 중요한 일이 더 많아지면 중압감 때문에 하나도 제대로 해내지 못한다. 사람마다 다르겠지만 경험상 나는 세 가지 일은 틈틈이 일상적인 업무를 병행하며 처리할 수 있다.

컬럼비아대학교 경영학과 시나 아이엔가Sheena Iyengar 교수의 실험에 따르면 선택의 폭이 넓을수록 우리는 결정을 잘 내리지 못한다. 아이엔가 교수는 실험에서 한 그룹에는 시식용 잼 6종류를, 다른 그룹에는 24종류를 제공한 후 선택해 구매하도록 했다. 실험 결과 구매 확률은 6가지 잼을 맛본 그룹이 10배 높았다. 그들은 너무 많은 선택지로 인해 발생하는 '버거움의 안개' 속을 헤매지 않았기 때문이다. 업무에서도 마찬가지다. 할 일을 선택할 때는 영향력이 가장 큰 업무 위주로 간추리자.

● **완벽주의 성향을 경계하라.** 내가 코칭한 사람들 중에는 불안도가 높은 고성과자가 많았다. 이들은 늘 완벽해야 한다는 중

압감에 시달린다. 일을 상습적으로 미루는 사람은 완벽주의자일 확률이 매우 높다.

금요일 오전까지 작성해야 하는 중요한 보고서가 있다. 주초에 시간을 잡아 작성하고 편집하면 꽤 괜찮은 보고서를 제시간에 완성할 수 있다. 하지만 계속 미루다가 목요일 밤에서야 작성하기 시작한다. 금요일 오전 이른 시간에 가까스로 그다지 훌륭하지 않은 보고서를 완료하고서는 '시간만 더 있었으면 완벽하게 쓸 수 있었을 텐데' 하고 마음속으로 핑계를 댄다.

이는 실패에 대한 두려움 때문에 나타나는 행동이다. 완벽주의자들의 기준은 말도 안 되게 높다. 최선을 다했는데도 그 기준에 미치지 못하면 자신이 완벽하지 않다는 사실을 인정해야 하는데, 이 생각이 그들을 두려움에 빠뜨린다. 완벽주의 성향은 지금까지 이런 식으로 당신을 방해해왔을 것이다. 완벽주의로 인해 당신은 실패와 성과 부족을 직시하지 못한다.

완벽주의자들의 회피 행동은 안전망을 제공하지 않는다. 오히려 더 큰 스트레스와 불안을 야기한다. 마지막까지 일을 미루는 습관은 후속 작업을 위해 대기 중인 다른 사람들에게도 큰 스트레스를 준다.

완벽주의적 성향은 주로 어린 시절 완벽하지 못한 성과에 대한 비난에 시달렸을 때 형성된다. 받아쓰기 시험에서 열아홉 문제를 맞춰도 한 개 틀렸다고 지적당했던 나처럼 말이다.

　　나이가 들고 할 일이 많아질수록 모든 일을 완벽하게 해내는 것은 불가능해진다. 물론 어떤 일은 완벽을 요한다. 그러나 적당히 해내기만 해도 되는 일도 많다. 완벽해야 한다는 압박감을 줄이자. 때로는 적당히 하는 것도 괜찮다. 어떤 일을 하겠다는 선택이 그 일을 하는 방식보다 훨씬 중요할 때도 있는 법이다.

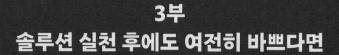

3부
솔루션 실천 후에도 여전히 바쁘다면

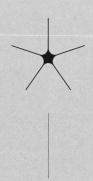

15장
'일하고 싶은 기분'이란 없다

▷ 컨디션에 따라 생산성에 편차가 생기는가?

▷ 동기가 갑자기 떨어지곤 하는가?

▷ 업무 성과가 기분에 좌우될 때가 있는가?

　　바쁨에서 벗어나기 위해서는 언제, 무엇을, 어떻게 할지 올바른 선택을 내려야 한다. 이와 관련해 이 장에서는 기분과 업무 효율의 관계를 알아본다. 본격적인 내용을 시작하기에 앞서 산업혁명 시대로 돌아가 노동자의 근로 의욕에 대한 가장 기본적인 교훈을 얻고자 한다. 우리는 노동자의 자율성이 생산성에 주는 영향을 종종 잊는다.

근로자가 느끼는 지루함이 생산성을 떨어뜨린다

　　리더들에게 가짜 바쁨에서 탈출하는 법을 코칭할 때면 나는 항상 참가자들에게 공장의 조립라인을 떠올려보라고 한다. 그

런 다음 조립라인 운영을 자신의 업무와 비교하도록 한다. 생산
현장에서 누군가의 방해로 라인이 중단되는 일은 얼마나 잦은
가? 실제 조립에 쓰는 시간과 무엇을 조립할지 회의하느라 보내
는 시간의 비율은 어느 정도인가?

조립라인은 정해진 절차를 철저히 따르기 때문에 효율성
을 극대화할 수 있다. 조립라인에서 작업 전환이 일어날 때는 단
한순간도 낭비되지 않는다.

조립라인이 가진 또 다른 장점은 작업 결과가 기분에 좌
우되지 않는다는 점이다. 기분은 아무 상관이 없다. 그냥 하면 된
다. 노동자는 전체의 일부, 즉 교체 가능한 톱니바퀴에 불과하다.
이런 체계는 미국의 기계공학자 프레더릭 윈즐로 테일러Frederick
Winslow Taylor가 처음 주창했다. 테일러는 1911년 자신의 저서《과
학적 관리법The Principles of Scientific Management》에서 경영에 공학
적 원리를 적용했다.

테일러주의에 따르자면, 공장의 작업반장은 노동자의 작
업을 동작별로 세분화해 관리한다. 그 중 주요 동작을 선별해 초
시계로 소요 시간을 측정하고 불필요한 움직임을 없앤다. 노동자
들은 그렇게 결정된 '최선의 방법the one best way'에 따라 로봇 같
은 움직임으로 작업한다. 이 방법은 실제로 높은 효율성을 보였
다. 노동자가 다음 작업을 선택할 필요 없이 관리자가 정한 동작
만 수행하면 되기 때문이다.

테일러는 최초의 경영 컨설턴트였다. 그의 방식은 혁명적이었던 만큼 많은 논쟁을 불러일으켰다. 업무를 지나치게 단순화해 노동자를 일에서 소외시키고 사기를 떨어뜨린다는 이유로 많은 비판을 받았다.

산업혁명 시대가 끝난 지 오래인 지금까지도 많은 노동자가 일에 지루함을 느끼고 있다. 갤럽 조사에 따르면 직장인의 85%가 일터에서 큰 열의를 느끼지 못하거나 마지못해 회사에 다니고 있었다. 이 세계적 현상으로 인한 생산성 손실은 무려 7조 달러 규모에 달한다. 위의 85% 중 자신의 일이 싫다고 답한 비율은 18%, 큰 열의가 없다고 답한 비율은 67%였다. 물론 이렇게 답한 모두가 컴퓨터 앞에서 종일 빈둥거리지는 않겠지만, 그러는 사람도 많다는 것이 문제다.

여전히 많은 사람이 조립라인 앞에 선 권태로운 노동자처럼 눈앞의 일만 기계처럼 처리한다. 처리하는 것이 물건이 아니라 이메일이라는 점만 다르다. 그들은 다음 할 일을 능동적으로 선택하지 않는다.

조립라인에서 배울 점이 있을까? 테일러주의에도 교훈이 있다. 당시 작업반장들은 최초로 팀원들의 앞길을 닦아주는 역할에 충실한 관리자였다(19장에서 관련 내용을 다룬다). 사실 나는 시간동작 연구를 재도입하는 것에 찬성하는 입장이다. 앞서 소개한 헤드 스페이스 모델을 활용하려면 핵심 업무를 처리하는 데 실제로 소요되는 시간을 파악해야 한다. 물론 옛날처럼 초시계를 들고 등 뒤에 서서 측정하는 것은 문제의 소지가 있지만, 근무기록표를 참고해 데이터를 모으면 좋은 자료가 될 것이다.

우리가 어떤 일을 할지, 얼마나 열심히 할지 선택할 때 영향을 주는 요소에는 무엇이 있을까? 동기는 우리가 다음 작업이나 행동을 결정하는 주 요인으로 작용한다.

우리는 대부분 과정에서 들인 노력보다는 결과에 따라 보상을 받는다. 관리자들은 최종 성과와 결과물에 대해서만 이야기한다. 또한 관리자들은 대체로 팀원들의 능력을 과대평가한다. 다시 말해 그들은 모든 팀원이 일하는 데 필요한 역량과 도구를 가지고 있다고 가정하기 때문에 업무를 측정 가능한 단위로 세분화하고 그에 대한 피드백을 제공하는 데 충분한 시간을 들이지 않는다.

피드백이 있어야
동기부여가
지속된다

심리학자 에드윈 로크Edwin Locke와 게리 레이섬Gary Latham은 목표 설정에 관한 이론을 오랜 기간 연구했다. 이들은 동기를 지속하는 데 필수적인 요소로 피드백을 꼽는다. 우리에게 영감을 주는 것은 목표 달성이라는 종착점이 아니라 그것을 향해 나아가는 과정이다. 학자금 대출을 청산하고 커리어가 어느 정도 궤도에 오르면 급여와 보상은 피드백 데이터로서 동기부여 요소가 된다. 다시 말해 우리가 일을 얼마나 잘하고 있는지 판단하는 척도로 작용하는 것이다. 오죽하면 미운 친구보다 잘 벌기만 하면 월급 자체는 별로 중요하지 않다는 말까지 있을까?

목표 달성 자체보다 피드백을 주고받으며 성과를 개선해 나가는 과정이 대체로 더 큰 동기부여가 되고 만족감을 준다. 금메달리스트보다 은메달리스트를 지도하는 것이 쉽다고 하는 것도 같은 맥락이다. 은메달리스트들은 자기 앞에 놓인 격차와 그 격차를 메우는 방법을 알고 있기 때문이다. 피드백을 받으면 계속해서 앞으로 나아갈 동기가 생긴다. 반면 금메달리스트는 목표를 이미 이루었으니 도전할 거리를 찾아야 한다. 동기부여가 쉽지 않다.

논문을 제출한 직후 또는 프로젝트를 완료한 직후에는 잠깐의 기쁨 뒤에 공허함이 찾아오곤 한다. 나도 이 책을 쓰면서 마지막 1,000단어를 남기고 자꾸만 완성을 미뤄 편집자들을 애태웠다. 마지막 부분을 완성한 것은 다음 책에 쓸 내용을 결정한 뒤였다.

동기부여와 성과 향상을 위한 피드백 받기

- PIMP 모델을 활용해 매주 한 번 자신의 업무 진척도를 점검한다.
- 전문 코치, 신뢰할 수 있는 동료나 관리자 등 주변인에게 피드백을 요청한다. 비판적이면서도 객관적이고 도전적인 피드백을 줄수 있는 사람이라면 누구든 좋다.
- 피드백 내용에 동의하지 않더라도 감사를 표한다.
- 중요 업무를 세분화해 목록을 만들고 기한을 설정한다. 하나씩 완수하며 지워나간다.
- 요청하지 않은 피드백에도 귀를 기울인다. 주변 사람들이 당신과 당신의 업무에 대해 언급할 때 행간을 읽으면 놓치고 있던 부분을 파악할 수 있다.

기분에
휘둘리지 말고
그냥 하라

동기는 다음에 무엇을 할지 결정하게 해주는 원동력이다. 하지만 때로는 아무것도 하기 싫은 기분이 들 때도 있다. 무엇을 해야 하는지도 알고, 해야겠다는 동기도 있고, 시작할 시기도 선택할 수 있지만 그냥 하기 싫은 것이다. 이런 이유로 우리는 시작을 미루고, 미적거리고, 결국 딴짓의 소용돌이에 빠진다. 일에 착수해야 한다는 불편함을 직면하기 싫어서 자꾸만 스마트폰을 들여다본다.

이럴 때 우리는 기분을 탓하며 '일할 기분이 들 때' 시작하겠다고 말한다. 하지만 엄밀히 말해 이것은 기분 탓이 아니다. 그저 그런 느낌일 뿐이다. 학교에서 아이들은 자신이 원할 때 수학 수업을 듣는 것이 아니다. 수업은 정해진 시간표에 맞춰서 진행된다. 그런 의미에서 우리에게 필요한 것은 수학 수업을 듣는 초등학교 1학년 학생이 지닌 마음가짐과 체계성이다.

우리가 자주 혼동하지만, 기분과 느낌은 엄연히 다른 개념이다. 기분은 주변 사람, 환경, 먹고 마시는 음식, 운동 방식, 정신 상태 등 모든 내적·외적 요소에 대한 반응으로 나타나며, 짧게는 몇 시간에서 길게는 며칠까지 지속된다. 코로나19로 인한 봉쇄 기간에 많은 사람이 기분 '저하'를 호소했다. 분명 여러 이유가 있었겠지만, 정확한 원인은 짚어내지 못했다.

느낌은 감정에 대한 해석이며, 기분보다 지속 기간이 훨씬 짧다. 감정은 자극에 대한 반응으로 생성된다. 상사가 갑자기 자리로 찾아와 '나중에 잠깐 이야기 좀 하자'라고 말했다면, 이 사건에 대한 반응으로 뇌에서는 화학 물질이 분비되고 그로 인해 감정이 생성된다. 우리는 그 감정을 느낌으로 해석한다. 당신이 최근 성과를 스스로 어떻게 평가하느냐에 따라 불안함이나 기쁨을 느낄 수 있다. 불안한 감정을 느끼는 중에도 전반적으로 긍정적인 기분일 수 있다. 그러나 불안감이라는 느낌이 들면 당신은 업무에서 선택을 주저하게 되고 자꾸만 다른 일을 기웃거리다가 중요한 업무를 막판까지 미루게 된다. 건강하지 못한 행동의 악순환에 빠지는 것이다.

다행히도 주의를 긍정적인 방향으로 돌리면 생각보다 쉽게 느낌에서 벗어나 일을 시작할 수 있다. 이 방법은 앞에서 이미 이야기했다. 너무나도 유명한 슬로건인 '저스트 두 잇just do it: 그냥 하라'를 외치며 다음의 내용을 되새기면 된다.

- 중요도가 높은 업무를 파악해 PIMP 모델을 활용해 실행하라.

- 일정표에 시간을 기입해 다른 선택지를 제거하라. 하고 싶지 않더라도 미리 정해둔 신호에 맞춰 시작하라.

- 할 일 목록을 작성하고 그대로 실행하라. 한 가지를 완료하면 바로 다음 할 일로 넘어가라.

- 할 일 목록은 짧게 작성하라. 시나 아이엔가의 잼 실험이 밝혔듯 너무 많은 선택지는 우리를 압도한다. 일일 목록은 짧게 작성하고, 하고 싶은 일을 모두 적은 긴 목록은 따로 관리하라.

- 편하게 느끼는 업무부터 시작하면 에너지와 자신감을 끌어올릴 수 있다.

- 일단 시작하는 데 성공했다면 잠시 시간을 갖고 세부적

으로 계획하라. 필요하다면 범위를 설정해 주변에 지원을 요청하는 것도 좋다. 시작하는 데 성공하고 나면 조급할 필요 없다.

- 목표 작업을 마친 후에는 좋아하는 앱을 한 번 훑어보는 등 자신에게 보상을 줘라. 대신 작업 진행 중에는 절대 들여다보지 말라.

당신의 에너지를 끌어올리는 질문들

다음은 내가 코칭할 때 쓰는 질문표다. 한 주를 시작할 때 지난주를 돌아보며 다음 질문에 답해보자. 그 주에 완수해야 할 중요 업무에 대한 고도의 집중력을 유지할 수 있을 것이다. 혼자 질문을 읽으며 답해도 좋고, 코치나 팀원들과 함께해도 좋다. 자신에게 가장 적합한 방법으로 진행하자.

- 지난주에 있었던 일 중 가장 중요한 것은 무엇이었는가? 그 일에서 무엇을 배웠는가?
- 어떤 일을 하면 이번 주를 성공적으로 보낼 수 있을까? 세 가지만 떠올려보자.
- 내가 지금 피하고 있는 것이 있다면 무엇인가?
- 나만 할 수 있는 일은 무엇인가?
- 업무를 위임할 수 있는 사람이 있는가? 이를 위해 역량을 강화해야 할 구성원은 누구인가?

- 어떤 관계에 시간을 더 투자해야 하는가?
- 누구와 관계를 더 돈독히 해야 하는가?
- 문제가 커지기 전에 지금 해야 하는 일이 있는가?
- 다음에 하는 일이 반드시 성공한다는 보장이 있다면 어떤 일을 하겠는가?
- 이 모든 것을 고려했을 때 이번 주 나의 최우선 업무는 무엇인가? 언제 할 것인가?

너무 오래 생각하지 말고 빠르게 생각나는 대로 답하는 것이 좋다. 팀원들과 함께 진행한다면 지난주에 대한 냉혹한 평가가 되지 않도록 주의하자. 이 활동에서 중요한 것은 이번 주에 가장 집중해야 할 업무와 지금은 무시해도 될 업무를 파악하는 것이다.

숙고는
생산성을 높인다

잠시 업무에서 벗어나 생각할 여유를 가지는 것은 결코 시간 낭비가 아니다. 숙고가 생산성을 높인다는 사실은 이미 입증되었다. 2017년 〈하버드 비즈니스 리뷰〉에 실린 글에 따르면 매일 일과의 마지막 15분을 하루를 돌아보는 데 쓰니 10일 안에 생산성이 25% 가까이 상승했다. 한 달 후 다시 평가했을 때도 향상된 생산성은 그대로 유지되었다.

이번 장에서는 기분과 상관없이 우선순위 업무를 언제든 해낼 수 있다는 사실을 알았다. 그렇게 했는데도 어려움이 느껴진다면 드러나지 않은 원인이 있을 수도 있다. 16장에서는 생산성을 떨어뜨리는 숨은 원인이 무엇인지 살펴보자.

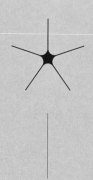

16장
정리 못하는 것은 습관 때문이 아니다

▷ 다른 사람에 비해 체계적인 정리가 어렵게 느껴지는가?

▷ 아주 짧은 시간도 주의를 집중하거나 가만히 앉아 있기 어려운가?

▷ 구두로 업무 지시를 받으면 집중해서 듣기 힘든가?

나는 이 책을 쓰며 감당하기 힘든 바쁨에서 벗어나는 방법을 되도록 간단하고 알기 쉽게 전달하려 애썼다. 지금까지 소개한 내용 중 가장 유용했던 팁은 무엇이었는가? 바쁨에서 탈출하는 것을 유난히 어려워하는 사람도 있다. 이 장에서는 그 이유를 다룬다.

영국의 노동 관련 자문기관 자문·알선·중재위원회Advisory, Conciliation and Arbitration Service, ACAS의 조사에 따르면 영국인 일곱 명 중 한 명이 신경발달장애를 지니고 있다. 비율로 따지면 전체 인구의 15% 이상이다. 이들은 조금 다른 방식으로 정보를 처리한다. 신경발달장애에는 주의력결핍장애, 자폐, 난독증, 실행장애와 뇌 손상으로 인한 기타 신경학적 질환이 포함된다. 사람에 따라 발현되는 모습이 다른데, 일반적으로 우리가 가진 고정관념에 부합하지는 않는다. 요컨대 자폐를 지닌 사람이 모두 수학 천재는 아니라는 말이다. 그러나 이들은 일터에서 엄청난 집중력과 열정을 발휘하는 모습을 보이기도 한다.

최근 관리자들은 신경발달장애를 지닌 직원들을 위한 맞춤형 지원이 필요하다는 것을 깨닫는 중이다. 이들에게는 인지적 접근성을 높이기 위한 환경을 마련해줘야 한다. 자폐 증상을 지닌 직원에게는 조용한 사무실 환경과 구조화된 규칙성, 소음 차단 헤드폰이 업무 집중에 도움을 준다.

ACAS의 조사에 따르면 신경발달장애 직원 현황을 파악하고 있는 조직은 17%에 그쳤다. 장애의 정도가 덜한 이들은 뚜렷한 강점과 정보 처리에 대한 어려움을 함께 지니고 있는 경우가 많다. 즉, 단순한 장단점으로 치부되어 잘 드러나지 않는 문제라고 볼 수 있다.

당신 또한 남모르게 정리나 체계화에 어려움을 겪고 있을 수 있다. 또는 그런 동료를 알고 있을 수도 있다. 명석한 옥스퍼드대학교, 케임브리지대학교 출신의 인턴이나 똑똑한 수학과 졸업생이 대체 왜 그렇게 덜렁대며 밥 먹듯이 지각하는지 도무지 이해가 안 되는가? 어째서 당신의 말을 제대로 듣지 않고 업무를 끝내기 힘들어하는지 당최 모르겠는가? 이해가 안 되더라도 섣불리 오해하지는 말자. 단순히 부주의한 것이 아니라 정보 처리 과정이나 규칙 파악에 어려움을 겪고 있는 것일 수도 있다. 이런 직원들은 약간의 도움만으로도 매우 큰 잠재력을 발휘할 수 있다.

사실 나는 실행장애에 대해서는 꽤 직접적인 경험이 있다.

실행장애를 지닌 이들은 순서화와 구조화, 체계화와 시간 엄수 등에 어려움을 느끼는 반면 전략성과 창의성이 남다른 경우가 많다. 그래서 많은 이들이 실행장애를 눈치채지 못하고 조금 부주의한 사람이라고 여기고 만다.

이런 사람들은 행동을 계획하고 조직하는 데 도움이 필요하다. 내가 색깔 있는 종이와 펜을 좋아하는 이유도 바로 이것이다. 나는 시각에 많이 의존하는 편이라 목록을 종이에 적지 않고 모니터로 보면 눈에 잘 들어오지 않는다.

나는 좌우를 자주 혼동한다. 방향감각은 없다시피 하고, 지도를 읽는 능력도 형편없다. 나는 예전에 영국 여성 해군에서 아주 짧게 근무한 적이 있다. 당시 여성 해군은 선박 근무를 하지 않았다. 아마 남성들과 함께 배에서 생활하면 안 된다는 생각 때문이었을 것이다. 총무부의 열성적인 신입이었던 나는 스코틀랜드 로사이스 해군기지에서 진행된 북대서양조약기구 훈련 지원 업무에 파견되었다. 내 임무는 지도에 아레투사 경순양함의 위치를 기입하는 것이었다. 그러나 바다 위에 있어야 할 아레투사는 10분째 스페인 한복판에서 헤매고 있었다. 보다 못한 누군가가 저 배가 대체 저기에서 무엇을 하고 있는 것이냐며 욕을 걸쭉하게 퍼부었다. 내가 잡은 방위가 모두 엉망이었던 것이다(지금이야 구글맵이 있지만 예전에는 직접 계산했다). 나는 바로 그 업무에서 배제되었고, 후방으로 빠져 홍차나 만들어야 했다.

내 딸 알라나는 16살에 실행장애 진단을 받았다. 진단을 받기 전까지 아이를 맡았던 선생님들은 이렇게 똑똑한 아이가 왜 그렇게 산만한지 알 수 없다며 답답해하곤 했다. 알라나는 준비물, 학생증, 열쇠 등 온갖 소지품을 잃어버리기 일쑤였다. 수업에 지각하거나 과제 제출 기한을 놓치는가 하면 무기력감도 자주 드러냈다. 그러나 그것은 알라나의 '잘못'이 아니었다. 알라나는 문제 행동을 한 것이 아니라 정보 처리에 어려움을 겪고 있었던 것이다.

지금은 알라나도 생활을 체계화하기 위해 시간을 더 할애하는 등 나름의 전략을 세워 대응하고 있다. 나는 그런 알라나를 자랑스럽게 생각하지만 고슴도치 엄마의 눈으로 봐도 프로젝트 상세 계획 수립 같은 것은 알라나의 강점이 아니다. 하지만 알라나에게는 복잡한 문제의 해결책을 빠르게 찾아내는 남다른 재능이 있다. 옆에서 보기에 알라나의 두뇌는 최종 결과를 먼저 인식한 후 거기서부터 세부 사항을 채우는 식으로 작동하는 것 같다. 중간에 놓칠 수 있는 사항을 누군가 확인해주기만 한다면 그들의 큰 강점을 활용할 수 있다.

동료를
어떻게 도우면
좋을까?

우리는 모두 최선을 다해 일하고 싶어한다. 그러나 체계성이 부족해 어려움을 겪는 사람이 '좀 더 열심히' 한다고 해서 문제가 해결되는 것은 아니다.

알라나는 진단을 받은 후 오히려 크게 안심했다. 자신의 행동 원인을 이해하자 대응 전략을 세울 수 있게 되었기 때문이다. 사실 알라나는 운이 좋은 편이다. 직장인 중에는 어려움을 겪으면서도 필요한 도움을 받지 못하고 있는 이들이 많다. 무언가 잘못되었다는 생각은 하지만 안타깝게도 대부분 그냥 자기가 모자란 것이라 치부한다(아마도 과거에 받은 비난 때문일 것이다). 공식적인 진단을 받지는 않았어도 다른 사람들에게 쉬운 일이 자신에게는 유독 어렵게 느껴진다는 것은 알 것이다. 이런 상황은 수치심과 스트레스를 유발하며 동기와 생산성에도 악영향을 준다. 관리자가 다음과 같이 부드럽게 이끌어주면 해결책을 모색하는 데 도움이 된다.

- 구성원이 자신의 어려움에 대해 쉽게 말을 꺼낼 수 있는 분위기를 만들어라.
- 피드백은 언제나 사람이 아닌 업무에 대한 것으로 국한

하라('너무 산만해 보인다'는 등의 표현은 금물이다).

• 어떤 지원이 필요한지 당사자가 잘 알고 있을 가능성이
크다. 이런 경우 관리자와 대화를 나누거나 사내 상담을
통해 당사자 스스로 합리적인 조정 방법을 마련할 수 있
다. 특정 업무를 위한 별도 시간 할애, 업무 시작 타이머
설정, 화이트보드를 활용한 업무 시각화, 적절한 앱 사
용 등 생각보다 간단한 해결책이 효과적일 수 있다.

• 당사자가 자신에게 맞는 해결책을 찾는다고 해도 실행
방안을 스스로 계획하기는 어려울 수도 있다(뇌의 정보
처리 방식이 달라 발생하는 아이러니다). 1시간가량 코칭하
며 지원 방법을 함께 모색하면 당사자들은 고마워할 것
이다. 진단을 내릴 수 있는 의사가 아니어도 도움이 될
만한 부분을 짚어주는 것으로 상황을 많이 개선할 수
있다.

• 눈에 띄는 문제를 먼저 언급한 후 해결 방법에 대해 논
의한다. 앞서 소개한 '그러고 보니…' 라는 표현을 활용
하면 대화를 자연스럽게 시작할 수 있다.

"그러고 보니 주간 화상회의 때 매번 늦게 접속하던데 혹시 관
련해서 도움이 필요한 부분이 있나요?"
"그러고 보니 물건을 자주 잃어버려서 참 답답하겠어요. 도움

이 될 만한 방법이 있나 같이 생각해볼까요?"

"그러고 보니 마감일을 자주 놓치던데 혹시 다가오는 일정을
시각적으로 알려주는 시스템이 있으면 도움이 될까요? 같이
아이디어를 내봅시다."

"그러고 보니 새로운 프로젝트가 있어도 지원하지 않는 것 같
네요. 혹시 같이 일하는 게 부담스러운 거라면 독립 작업으로
기여할 수 있는 방법을 함께 찾아볼까요?"

　　신경발달장애를 지닌 인재에 대한 지원은 조직 차원에서
하향식으로 이루어져야 한다. 이와 더불어 관리자들은 직원 개개
인의 기여를 극대화할 수 있도록 적절한 교육을 제공해야 한다.
직원들의 약점이 아닌 강점이 부각되고, 이들의 다양한 관점이
제대로 활용될 때 그들의 기여가 극대화된다.

　　신경발달장애를 비롯한 모든 종류의 건강 문제에 대해 허
심탄회하게 이야기를 나누고 구성원들이 서로를 지지할 수 있어
야 한다. 지금도 어디에 이야기해야 할지 몰라 고민하는 동료가
있을 수 있다. 기회가 있을 때마다 조직에서 제공하는 지원 제도
를 알려주자. 그래야만 도움이 필요한 순간에 어디로 가야 할지
바로 알 수 있다.

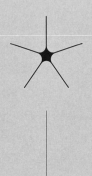

17장
불안 때문에 일하지 말라

▷ 재택근무를 하면 집중하기 더 어려운가 아니면 생산성이 향상되는가?

▷ 실제 회의보다 화상회의가 더 피로하게 느껴지는가?

▷ 사무실을 벗어난 곳에서 일할 때 기분에 기복이 있는가?

재택근무가
더 피곤한 이유

코로나19로 인한 봉쇄가 막 시작되던 무렵 나는 힐러리 맨틀Hilary Mantel의 책 《거울과 빛The Mirror and the Light》을 샀다. 어차피 시간도 많아질 테니 754쪽에 달하는 역사소설에 푹 빠져보자는 심산이었다. 고백하자면 아직 한 줄도 읽지 못했다. 책이 두툼한 덕에 카메라 각도 맞출 때 좋아서 줌 회의 때 애용하기는 했다. 내 집중력에 무슨 일이 생긴 것일까?

지금 생각해보니 당시에 내 뇌는 생존해야 한다는 강박에 시달렸던 것 같다. 코로나19가 확산되며 경제, 건강, 감정 면에서 중압감이 커지자 대뇌 변연계가 생존 모드에 들어간 것이다. 표면적으로는 통제력을 잃지 않은 것처럼 행동했지만, 잠재의식은 '투쟁 도피'를 선택했다. 팬데믹 기간에 강렬한 꿈을 자주 꾸는 사람이 많았던 것도 이와 관련이 있다. 인간의 뇌는 외부 위협에 맞서 자신과 사랑하는 사람들을 지키고자 24시간 가동된다. 이런 상황에서 집중력을 길게 유지하는 것은 당연히 불가능에 가깝다.

그래서 나는 몰입 근무에 할애하는 시간을 2시간에서 1시간 또는 45분으로 줄였다. 집중력을 유지하기 어려운 상황에서는 짧고 굵게 끊어서 일하는 것이 더 효과적이라는 판단이었다.

재택근무를 강요당한 직원의 생산성은 낮아진다

평소보다 할 일이 줄어든 사람은 파킨슨의 법칙을 따른다. 주어진 시간에 맞춰 업무에 들이는 시간을 늘인다. 평소라면 열 가지 업무를 처리했을 시간에 네 가지만 하는 식이다. 그런가 하면 재택근무로 일이 늘어난 사람, 특히 가족을 돌보며 일해야 하는 사람은 할 일이 너무 많아져서 아무것도 하지 못한다(앞서 소개한 시나 아이엔가의 잼 실험을 떠올려보자).

이런 위기가 닥쳤을 때 상황을 반영해 업무를 조정하는 것이 관리자의 역할이다. 구성원들의 업무를 고르게 분배하고 우선순위를 명확히 하는 것이 중요하다. 코로나19로 인한 재택근무는 우리가 선택한 것이 아니라 우리가 처한 특수한 상황이었다.

심리학자 닐 도시Neel Doshi와 린지 맥그리거Lindsay McGregor
는 2010년부터 2015년까지 전 세계 50개 기업에서 일하는 근로
자 2만여 명을 대상으로 동기부여 요인에 대한 조사를 실시했다.
여기에는 재택근무가 가져온 변화도 포함되었다. 사내근무자에
비해 재택근무자의 의욕이 낮았다. 이러한 현상은 일방적으로 재
택근무를 강요받은 직원에게 더 강하게 나타났다. 봉쇄가 시작되
었을 때 우리에게는 재택근무 외에 선택권이 없었다. 도시와 맥
그리거는 강제로 재택근무를 시작한 직원이 경험하는 충격은 가
장 만족스러운 문화권에서 가장 불만족스러운 문화권으로 이동
했을 때의 충격에 버금간다고 설명했다.

나는 원래부터 종종 재택근무를 해왔다. 재택근무는 프리
랜서로서 누릴 수 있는 큰 장점이다. 코로나19 이전에 재택근무
를 할 때는 집에 나와 반려견 한 마리뿐이었다. 그러나 봉쇄 이후
의 재택근무는 달라도 너무 달랐다. 온 가족이 집에서 북적거리
며 서로 와이파이를 잡으려고 경쟁했고, 주방을 오가며 냉장고의
우유를 다 마셔버리거나 화상회의를 막 시작했는데 시끄럽게 샤
워를 해대기도 했다. 이런 재택근무는 경험해보지 못했다.

재택근무 시
동기부여하는 법

다음은 내가 코로나19 봉쇄 기간에 조직의 리더들에게 준 조언이다. 봉쇄는 이제 끝났지만, 원격으로 일하는 팀원들이 적극적으로 참여하도록 독려하는 법을 알아두면 유용하다.

화상회의 관리하기

비언어적 신호를 알아채려면 얼굴을 맞대고 근무할 때보다 더 집중해야 해서 피곤하다. 재택근무 체제에서는 회의 일정을 재점검하여 횟수를 줄이는 방안을 검토하라. 팀원들의 의견을 묻는 것도 좋다. 회의도 제한된 시간 안에 속도감 있게 진행하는 것이 좋다.

- 업무 회의와 직원 복지 면담은 구분해서 진행하라. 두 주제를 동시에 이야기하면 직원들은 복지를 위한 면담에서도 팀장이 진짜 안건을 꺼내기 위해 입에 발린 말을 하고 있다고 오해할 것이다.
- 온라인 친목 모임은 이제 새롭지 않다. 온라인 행사를 기획할 때는 구성원들이 정말 참석을 원하는지 다시 한 번 확인하라. 집에서 회사 일을 계속 하다 보면 삶과 생활의 경계가 모호해진다. 모임을 즐기지 않는 내향적인

구성원에게는 화면에서 벗어날 시간을 주거나 모임 참석을 선택할 수도록 배려하자. 회의를 시작할 때 모두 함께 카메라를 끌지 켤지 논의해 결정하는 방법도 있다 (중요한 업무 회의에서는 혼자만 얼굴을 보이지 않으면 영향력을 발휘하기 어렵다는 점은 명심하자).

업무 환경 확보하기

• 구성원들이 일을 미루지 않도록 중간 점검일 간격을 설정하고, 시간 단위도 짧게 잡도록 권장하라.

• 팀원들의 활동을 점검해 적절한 휴식을 취하게 하라. 핵심 업무는 효율성을 높여 평소보다 빠르게 처리하고, 일을 마친 후에는 바로 퇴근하게 해야 한다. 할 일을 마친 후에는 굳이 남을 필요가 없다는 점을 명확히 하고, 일을 마친 후에는 관리자부터 컴퓨터를 끄는 모습을 보여 솔선수범하라.

• 점심시간은 중요하다. 점심시간을 일정표에 기입하게 하라. 구성원 간 근무시간 시차가 있어도 상관없다. 점심시간을 확실히 정해야 휴식을 통해 재충전할 수 있다.

• 문서는 종이로 출력해서 읽어야 방해 요소도 적고 집중이 잘 된다(구시대적이지만 어쩔 수 없다).

• 예정에 없던 재택근무가 진행되는 동안에는 성과 측정

방식과 기준을 구성원들에게 설명하라. 중요한 것은 이메일 발송 횟수가 아니라 양질의 결과물이라는 점을 명확히 하자.

긴밀한 팀워크를 통한 생산성 향상

- 팀원들이 의욕을 가지고 참여할 만한 업무를 제공하라.
- 업계의 흐름을 바꿀 만큼 중요한 문제임에도 그동안 바빠서 미뤄둔 것이 있는가? 이번 기회에 고민해보자.
- 협업을 유도해 팀워크와 신뢰를 구축하라. 함께 해결할 수 있는 문제를 제시하는 것도 좋다. '지금 같은 시기에 고객에게 닿기 위해 우리가 할 수 있는 것은 무엇인가?' 등의 질문을 던져보자.
- 사람을 감시하지 말고 업무 진행에 어려움이 없는지 확인하라.
- 코칭하고 피드백 주는 기술을 연습하라. "잘 되고 있나요?" "무엇을 배우고 있습니까?" "그 일은 어떻게 해결했죠?" "본인에게 잘 맞는 방식은 어떤 거죠?" 등 질문을 던지며 소통하라.
- 눈으로 최종 결과물을 볼 수 있으면 성취감을 느낀다. 제빵이 인기가 높은 이유 역시 과정을 통제할 수 있고 결과물을 바로 볼 수 있기 때문이다. 이러한 특성을 업

무에 적용해 영향력이 크면서도 결과물이 분명한 프로젝트를 만들어보자.

일과 생활 구분하기

- 재택근무 시에는 평소보다 더 잘해야 한다거나 밥값을 해야 한다는 압박감에 무리하는 경우가 종종 있다. 그렇다고 해서 일을 만들지는 말자. 업무가 한산한 시기에는 조급해하지 말고 헤드 스페이스 시간으로 활용하라.

- 재택근무를 하며 가족을 돌봐야 한다면 한 번에 한 가지만 하자. 일하면서 동시에 아이의 원격수업을 관리할 수는 없다. 무리하게 모든 것을 해내려고 하면 번아웃 burnout이 온다.

- 일과 생활을 분리할 방법을 찾아라. 출근 복장으로 일하고 퇴근 후에는 편한 옷으로 갈아입는 방법도 있다. 일과를 마친 후에는 현관으로 나갔다가 주방 문으로 집에 다시 들어오는 방법을 택한 사람도 있었는데, 이 의식을 통해 퇴근했다는 마음을 가질 수 있었다고 했다.

재택근무로 영구 전환해도 괜찮을까?

코로나19 팬데믹 같은 비상상황이 아니라면 대체로 재택근무 시에 생산성이 훨씬 높다. 방해 요소가 적어서 더 잘 집중할 수 있기 때문이다. 이는 반대로 사무실이라는 장소가 얼마나 불편해졌는지를 보여준다. 업무를 위해 만들어진 장소에서 오히려 일하기가 어렵다니, 이게 무슨 말도 안 되는 상황인가?

통근 환경은 재택근무와 사내근무 중 하나를 선택할 때 큰 영향을 주는 요소다. 월요일 아침, 해가 뜨기도 전부터 전철역에서 사람들에 치여 열차를 기다리고 싶은가? 일어나자마자 조깅을 하고 8시에 원격으로 출근해 1시간 집중 근무를 하고 회의에 들어가는 생활이 더 만족스럽지 않겠는가?

그러나 여기서 놓친 것이 있다. 사무실로 출근하지 않음으로써 장기적으로 커리어에 악영향을 주는 경우도 있다는 사실이다.

출퇴근 해방의 대가로 잃을 수 있는 것들

니컬러스 블룸Nicholas Bloom 연구팀은 임직원 수 1만 6,000명 규모의 나스닥 상장 중국 여행회사 씨트립CTrip의 직원들을 대상으로 재택근무 관련 실험을 진행했다. 연구팀은 직원들을 대상으로 재택근무 희망자를 모집했다. 희망자를 무작위로 두 그룹으로 나눠 한 그룹은 재택근무를 진행하고 다른 그룹은 계속 사무실에서 근무하게 했다. 9개월 후 재택근무 그룹은 성과가 13% 향상되었다. 그러나 승진율은 사무실 근무 그룹에서 더 높게 나타났다. 재택근무가 행복감과 생산성은 높였지만 커리어에는 부정적인 영향을 준 것이다. 왜일까?

우선 사무실에서 근무하는 직원의 존재감이 더 크다. 또한 오가며 듣는 대화를 통해 기회를 포착할 가능성도 크다. 네트워크 형성에 유리하며, 동료들과 편하게 나누는 이야기 속에서 정보를 얻을 확률도 높다. 한마디로 사무실에서 근무하며 '조직의 일부'가 되는 것이다. 원격으로는 구현할 수 없다.

출퇴근 없이 근무하면 정말 장기적으로 커리어에 타격을 받을까? 블룸이 연구를 진행하던 팬데믹 기간에 비하면 현재 조직들의 관리 역량은 크게 향상되었다. 다만 코로나19 봉쇄 기간과 비교할 데이터가 부족하다. 하지만 인간은 결국 사회적 동물이다. 아무리 자신의 분야에서 뛰어나다고 해도 얼굴을 맞대고 일하는 것이 사업과 커리어에 가장 효과적일 때가 있다. 영향력은 사람 눈앞에 있을 때 가장 크게 발휘된다.

브레인스토밍, 신규 프로젝트 착수, 사회적 관계 구축 등 업무는 같은 공간에서 함께 일할 때 가장 효과적으로 진행된다. 채팅은 얼굴을 맞대고 하는 대화만큼 많은 것을 드러내지 못하며, 실제 대화를 대체할 수 없다. 조직의 구성원들이 사무실로 출근하고 있다면 리더도 그래야 한다. 팀의 분위기는 직접 느껴야만 알 수 있기 때문이다. 팀원들은 사무실로 출근하는데 리더는 재택근무를 고수하면 어떻겠는가?

업무 특성에 따라 근무지를 정하라

유연근무와 재택근무 체제가 확대되고 있는 지금, 근무 장소는 업무의 종류에 따라 달라져야 한다. 앞으로는 사무실 근무와 재택근무가 혼합된 형태로 근무 형태가 바뀔 가능성이 크다.

그러려면 꼼꼼한 계획과 적극적인 소통이 전제되어야 한다. 팀원의 절반은 금요일에 브레인스토밍을 진행하고 싶어 하는데 나머지 절반은 재택근무를 원한다면 업무가 제대로 진행되지 않는다. 유연근무를 위해서는 진정한 유연성이 필요하다. 구성원들의 의견과 업무 내용을 고려해 근무 형태를 조정하는 과정에서는 변화가 여러 차례 생길 수밖에 없다. 이러한 변화를 유연하게 수용하는 것이 중요하다.

집중력이 필요한 업무는 재택근무가 유리하다. 개인 면담이나 고객 미팅이 있는 날에는 사무실이나 업무 거점으로 출근하면 된다. 팀 구성원 전체가 만나서 처리할 일이 있는 경우에만 모두 사무실로 출근하면 된다. 회의는 간결한 안건으로 속도감 있게 진행하라. 화상회의는 피로감이 쌓이니 최대한 자제한다.

재택근무를 꼭 해야 하는 경우라면 생산성이 향상되는 데 상응한 보상을 받아 커리어에 손해를 입지 않도록 노력해야 한다. 팀 구성원들과 신뢰를 쌓는 노력도 중요하다.

재택근무 환경에서 경력 자본 지키기

글로벌 기업에서 원격으로 근무하는 사람들이 늘고 있다. 그러나 이들은 원격으로 일하면서도 콘퍼런스나 회의에 참석해 사람들을 직접 만난다. 상황이 여의치 않다면 대면하지 않고도 팀의 일원으로서 존재감을 지킬 방법을 찾아야 한다.

전화를 걸거나 원격으로 함께 커피를 마시며 대화를 나누는 방법이 있다. 현재 업무나 겪고 있는 어려움 등에 대해 이야기하면 된다. 중요한 것은 다른 구성원들이 당신의 커리어 목표를 명확히 알 수 있도록 적극적으로 알리는 것이다. 당신이 팀에 기여하고 있는 바와 앞으로의 포부를 밝히는 것도 중요하다.

인적 네트워크와 관계를 만들 기회를 잡아야 한다. 통근 시간을 절약했으니 전문 분야 지식을 강화하고 그 지식을 공유할 자리를 마련하는 것도 좋다.

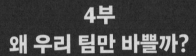

4부
왜 우리 팀만 바쁠까?

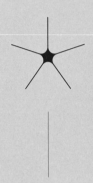

18장
바쁜 팀원은 팀장이 되어도 바쁘다

▷ 팀을 효과적으로 관리하기 위한 교육이 있는가?

▷ 관리에 시간을 쓰기 위해 기존 업무 중 일부를
다른 사람에게 배정했는가?

▷ 팀을 관리할 때 고성과자와 저성과자 중
누구에게 더 많은 시간을 투자하는가?

실무자를 바쁘게 만들었던 업무들의 성과를 인정받아 그들은 관리자로 승진한다. 그 결과 팀장에게는 기존에 처리해오던 중요 업무들 외에 관리해야 할 팀까지 생긴다. 신입 직원들을 이끌게 될 수도 있고, 다른 팀으로 발령이 날 수도 있다. 아니면 껄끄럽게도 원래 일하던 팀에서 팀장으로 승진해 어제까지 동료였던 사람들이 부하직원이 될 수도 있다.

직무 전문가에서 관리직으로 전환하기란 쉽지 않다. 기여도가 높아 승승장구한 사람들도 관리자가 되는 순간 좌절을 맛보기도 한다. 코칭하며 살펴본 바에 따르면, 처음 관리자가 된 사람이 자주 빠지는 세 가지 함정이 있다.

● **과잉통제형 관리자:** 팀의 역량이 평균 이상인데도 만족하지 않는다. 팀원들의 업무를 일일이 확인하고 다음에는 어떻게 해야 더 잘할 수 있는지 설명하는 데 많은 시간을 투자한다. 일정

이 촉박할 때는 아예 일을 대신하기도 한다. 방법을 설명하는 것보다 자신이 직접 하는 편이 훨씬 빠르다고 생각한다.

● **자기중심형 관리자:** 관리업무를 맡고 있기는 하지만 본인의 성과가 훨씬 더 중요하기 때문에 관리업무에 최소한의 시간만 투입한다. 인사팀에서 정한 대로 월요일에는 팀원들과 면담을 하지만 나머지 시간에는 각자 알아서 일하도록 내버려둔다. 만족스럽지 못한 성과를 내는 팀원도 있지만 시시콜콜한 관리를 하기에는 너무 바쁘다. '그냥 좀 알아서 눈치채고 그만둬주면 괜찮은 직원을 새로 뽑을 텐데' 하고 생각한다.

● **과보호형 관리자:** 팀원들을 돕기 위해 마음챙김 관리 과정을 수강한다. 경력에 비해 업무 성과가 떨어지는 팀원들이 있지만, 잘 다독이면 나아질 것이라고 굳게 믿는다. 이런 팀원들과 몇 시간에 걸쳐 면담을 진행하고, 현재 성과에 대한 의견과 앞으로의 계획을 묻는다. 상사는 그런 직원들을 해고하고 싶어 하지만, 관리자는 6개월 정도면 실적이 개선될 것이라 믿는다. 실적이 좋아지기 전까지는 자신이 팀원들의 부족한 부분을 채운다. '최고의 관리자'가 되겠다는 일념으로 헬스장 회원권도 취소하고 휴가도 미룬다.

세 유형 모두 관리자와 팀원에게 전혀 도움이 되지 않는다. 직원들이 팀장에게 지나치게 의존하게 만들거나 팀원들의 성장을 가로막는 리더십이다. 우선순위 업무를 처리하면서 관리자로서 역할도 잘 해내기 위해서는 다음과 같은 노력이 필요하다.

1단계: 기존 업무를 정리하라

관리자가 되기 전에는 담당 업무에 자신이 가진 집중력과 에너지를 모두 쏟을 수 있다. 그 결과로 승진이라는 보상을 얻는다. 그러나 관리자가 되면 업무를 정리해야 한다. 시간을 더 만들어낼 수는 없지 않은가? 일주일 중 관리업무에 할애할 시간을 따져보고, 그 시간을 어떻게 충당할지 생각해보자. 어떤 업무를 정리해야 할까?

이것은 관리자라면 누구나 직면하는 딜레마다. 먼저 관리자가 된 상사에게 도움을 청하면 균형을 맞출 방법을 조언해줄 것이다. 예전처럼 당신이 모든 일을 할 수는 없다. 업무 방식을 개선해 주요 업무를 더 효율적으로 처리할 방법은 없는지 생각해보자. 기존 업무 중 일부를 팀원들에게 배정할 수도 있다. 물론 당신이 하던 만큼 잘하지는 않겠지만 관리자의 역할은 모든 일을 직접 하는 것이 아니라 일을 관리하는 것이다. 이 점을 늘 명심하자.

무엇보다 모든 것을 통제하려는 욕구를 버려야 한다. 팀원들이 잘 교육받았고 본인의 업무에 능숙하며 일할 동기가 충분하다면 알아서 일할 수 있도록 내버려두자. 업무를 맡겨놓고 하나

하나 지시를 내리면 일을 이중으로 하는 셈이다. 팀원을 믿고 방해하지 말자(이 내용은 다음 장에서 더 자세히 다룬다).

훌륭한 관리자는 팀원들의 자기효능감 구축을 목표로 한다. 자기효능감이 강한 팀원들은 목표를 높게 설정하고, 문제가 발생하더라도 끈기 있게 헤쳐나가는 자신의 능력을 신뢰한다. 전략적이지 않은 관리자들은 자꾸만 잡무의 늪에 빠진다. 이런 패턴에서 벗어나기 위해서는 당신이 정말로 해야 할 일을 파악하고 지원이 필요한 경우에는 요청해야 한다.

팀의 관리자는 업무량, 타 부서, 조직 체계, 고객, 상사에 대한 불평을 늘어놓으면 안 된다. 관리자는 팀원들의 롤모델이다. 관리자는 어떤 상황에서도 팀에서 가장 침착하고 긍정적인 사람이어야 한다. 더 큰 책무도 얼마든지 맡을 수 있다는 자신감을 뿜어내는 사람만이 다음 단계로 올라갈 수 있다.

2단계: 관리자라면 관리를 하라

관리자라는 역할을 회피하지 말고 온전히 받아들여라. '관리자'는 근속 기간에 따라 그냥 주어지는 직책이 아니다. 관리자가 되기 위해서는 새로운 기술과 행동, 마음가짐을 갖춰야 한다. 명심하자.

명확한 직무 설명과 핵심 성과 지표를 통해 팀의 모든 구성원이 자신의 업무를 정확히 파악하도록 돕는 것이 관리업무의 기본이다. 업무 경험이 없는 신입사원에게는 모든 것을 처음부터 설명하는 것이 좋다. 신입 직원이 모든 것을 안다고 가정하거나 말하지 않아도 알 것이라고 기대하는 것은 시간 낭비다.

　관리자로서 팀원들을 코칭해야 하는 것은 맞지만, 아무것도 모르는 사람을 코칭할 수는 없다. 그러므로 가르쳐야 한다. 우선 팀원들의 업무 역량을 개발하고, 각 팀원의 강점과 약점, 유별난 점 등을 파악해야 한다. 이 단계가 끝난 후에는 팀원들이 스스로 생각하고 성과를 낼 수 있도록 이끌어야 한다.

　어떤 일을 어떻게 해야 할지 팀원에게 보여주는 것부터 시작하면 된다. 나는 알아서 일하도록 방치된 사람들이 실패하는 안타까운 경우를 수없이 보았다. 일의 방향을 잘못 잡거나 적응하는 데 너무 많은 시간을 쓰다가 첫 평가 시점이 되어서야 자신의 성과가 기대에 미치지 못한다는 점을 깨닫고 깜짝 놀라곤 한다. '내가 신입일 때는 도움 없이도 잘만 했는데' 하며 억울해하는 사람도 있을 수 있다. 그러나 당신이 문제를 스스로 해결했다고 해서 모두가 그럴 수 있는 것은 아니다.

　개인 핸드폰 사용, 근무 시간, 소통 기준, 기대하는 행동, 회의 시 주의사항 등에 대해서도 명확한 지침을 주는 것이 좋다. 지침에 어긋나는 행동을 보이는 팀원이 있더라도 비꼬거나 에둘러 공격하기보다는 당신이 기대하는 바를 솔직히 말하고 행동으로 보여줘야 한다.

팀원들은 도전을 두려워하지 않고 영감을 주며 고마움을 표하는 관리자를 존경한다. 팀원들은 관리자가 친절하기를 바라지만, 친구 같은 친밀감을 원하는 것은 아니다. 팀원들은 역량 개발을 유도하고, 궁극적으로는 커리어 목표를 성취하도록 돕는 관리자를 원한다.

3단계: 피드백은 수시로 하라

사내 평가가 있을 때만 업무 피드백을 할 것이 아니라, 일상적으로 이루어져야 한다. 구체적인 내용 없이 그냥 '잘했다'라고 말하는 것은 피드백이 아니다. 잘한 점을 구체적으로 알려주고 다음 업무에도 적용할 수 있도록 해야 한다.

"지난번 수수료 협상 건은 정말 잘 처리했습니다. 우리가 제공하는 서비스의 구성 요소를 하나하나 짚어가며 설명한 덕에 고객들도 우리 서비스의 이점을 더 잘 이해한 것 같더군요."

진짜 말하고 싶은 내용을 중간에 슬쩍 끼워넣는 방식은 효과적이지 않다. 잘하고 있다는 말로 시작해 진짜 하고 싶은 말을 하고 다시 긍정적인 말로 마무리하는 피드백 말이다. 이런 피드백이 반복되면 팀원들은 칭찬을 들으면서도 곧이어 '그렇기는 한데'라는 말을 할 것이라 생각한다. 바로 본론으로 들어가자.

팀원들이 주기적으로 긍정적인 피드백을 받는다면 부정적인 피드백도 대수롭지 않게 느낀다. 다만 피드백 내용이 부정적이더라도 그 의도는 긍정적이어야 한다. 사람 자체를 지적하지 말고 문제 행동 또는 업무와 관련된 내용이어야 한다. 피드백의 주제는 언제나 직원의 인격이 아닌 행동이어야 한다. 다음과 같은 피드백은 경청과 성찰, 학습을 장려할 수 있다.

"같은 문제가 또 발생했을 때 더 효율적으로 결과를 얻으려면 어떻게 해야 할까요?"
"이와 관련된 성과를 높이기 위해서는 어떻게 하는 게 좋겠습니까?"

팀원에게 관리자인 당신의 역할과 업무에 대한 피드백도 요청하면 좋다.

"제가 업무의 어떤 부분을 더 도우면 좋을까요? 아니면 이제는 혼자 할 수 있도록 제가 개입하지 않았으면 하는 부분이 있나요?"

업무 피드백은 대개 목표 달성이라는 긍정적인 의도를 바탕에 두고 이루어진다. 그러므로 이러한 피드백과 대화가 껄끄러울 필요는 전혀 없다. 단 피드백이 개인에 대한 공격이면 안 된다. 피드백의 목표는 바꾸고 싶은 행동을 구체적으로 언급해 문제가 발생하지 않도록 방지하는 것이다.

"그러고보니 팀 회의에 두 번 연속 지각했더군요. 관련해서 잠깐 이야기를 나눌 수 있을까요?"

"오늘 아침처럼 숙취가 심하다고 퉁명스럽게 굴면 다른 팀원들의 감정에 부정적인 영향을 줄 수밖에 없습니다. 퇴근 후 개인 시간에는 무엇을 하든 자유지만 출근해서는 프로답게 행동해주세요. 이 문제에 대해 좀 이야기해봅시다."

"지난 발표 때 계속 개인 이메일을 확인하더군요. 그 모습을 보니 업무에 집중하지 못한다고 생각할 수밖에 없었습니다. 정말 그런 겁니까? 아니면 무슨 사정이 있었나요?"

평소에는 노련하게 업무를 처리하던 직원의 생산성이 갑자기 떨어졌다면 문제가 더 커지기 전에 대응해야 한다. 해당 직원에게 피드백을 전달하고 문제의 원인을 파악하자. 스트레스 때문일 수도 있고, 업무 외적인 문제일 수도 있다. 혹은 익숙한 업무에 지루해져서 더 도전적인 일이 필요한 것일 수도 있다.

문제를 조율했음에도 불구하고 생산성이 계속 떨어진다면 인사팀과 상의하여 성과 평가 절차를 정식으로 진행해야 한다. 관리자는 문제를 외면해서는 안 된다. 결정을 미루는 것보다는 잘못된 결정이라도 내리는 것이 낫다.

4단계: 경계를 명확히 하라

방해가 계속되면 일을 제대로 할 수 없다. 팀원들의 보고를 듣는 데 너무 많은 시간을 빼앗기지 않도록 적절한 절차를 마련하라. 예를 들어 오전에 팀원들에게 필요한 것이 있는지 묻고 한꺼번에 처리할 수 있다. 업무 능력에 대해 확신이 서지 않는다면 "점심시간 전에 5분 정도 이야기할까요?" 하는 식으로 짧게 점검 시간을 갖는 것도 도움이 된다. 이렇게 하면 관리자도 직원도 서로 불필요한 방해 없이 시간을 확보할 수 있다. 이러한 방식은 사소한 것까지 간섭하는 마이크로매니징이 아닌 업무 장려다.

이런 절차를 따르지 않고 계속 찾아와서 방해하는 직원이 있다면 절차에 대한 교육을 받지 못했거나 기준이 모호한 것일 수도 있다. 업무에 대한 확신이 없으면 관리자의 승인에 과도하게 의존한다. 그런 직원들과는 조금 더 시간을 같이 보내야 한다. 당신의 업무에 크게 방해되지 않는 선에서 편하게 대화하는 시간을 자주 가지면 업무에 대한 자신감이 생겨 당신을 놓아줄 것이다. "제 의견이 필요한 사안이 있다면 매일 오후 4시 이후에 시간이 있습니다"라는 식으로 미리 공지하면 시도 때도 없이 들어오던 질문이나 요청을 몰아서 처리할 수 있다.

마지막으로 꼭 명심해야 할 것이 있다. 관리자는 모든 문제의 해답을 갖고 있지도 않고, 모든 업무에 대해 최선의 처리 방법을 알아야 하는 사람도 아니다. 관리자의 역할은 구성원들의 생각을 끌어내는 것이지 대신 생각해주는 것이 아니다. 훌륭한 관리자는 자신의 강점을 명확히 알고, 자신이 보지 못했던 부분에 대한 피드백을 환영하며, 자신이 몰랐던 문제나 실수를 인정한다.

18장에서는 팀원 관리 방법을 이야기했다. 이제는 업무 흐름을 관리하는 방법을 알아볼 차례다. 19장에서는 팀원들의 앞길을 닦아주는 관리자의 역할에 대해 알아보자.

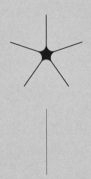

19장
효율적인 업무 환경 만드는 법

▷ 관리자로서 팀원을 적극적으로 관리하는 데 시간을 얼마나 할애하는가?

▷ 우선순위를 어떤 방식으로 설정하고 소통하는가?

▷ 팀장이 팀원들에게 바라는 것은 무엇인가?
구성원 모두 팀장이 바라는 바를 알고 있는가?

자녀의 삶에 지나치게 관여하는 부모를 본 적이 있을 것이다. 이러한 부모들은 자식의 성공에 방해가 되는 모든 장애물을 제거해가며 앞길을 닦아준다. 이들은 자녀들의 삶에 과도하게 개입한다. 숙제를 대신 해주고, 일정을 통제하고, 일거수일투족을 감시하고, 심한 경우 교사에게 뇌물을 주는 일도 서슴지 않는다. 좋은 의도겠지만 이러한 간섭은 좌절과 실패 경험을 원천적으로 차단해 아이들이 회복탄력성과 사회성을 지닌 성인으로 자라나지 못하게 한다. 잘못된 양육법이다.

하지만 조직의 관리자들은 이런 역할을 어느 정도 할 수 있어야 한다. 나는 이런 관리법을 잔디깎기형 관리lawn mower management라고 부른다. 직원들이 일을 제대로 할 수 있도록 길을 닦아주는 것은 관리자의 중요한 역할이다. 구성원들이 우선순위 업무 완수라는 목표에 점점 가까워질 수 있도록 업무 흐름을 관리해 일에만 집중할 수 있는 환경을 만들어줘야 한다.

직장에서는 업무 완수를 향해 꾸준히 나아가는 것만큼 강력한 동력이 없다. 일을 마칠 때마다 할 일 목록을 지워나가면 도파민이 분비되어 짜릿한 기분을 느끼지만 반대로 업무를 완수하는 데 차질이 생기면 의욕이 저하된다. 연구에 따르면 업무의 점진적 진전은 금전적 보상이나 복지 프로그램을 비롯한 다른 요소들보다 훨씬 더 강력한 동기부여 요소로 작용한다.

하버드대학교의 테리사 애머빌Teresa Amabile과 스티븐 크레이머Steven Kramer는 일곱 개 기업의 직원 238명이 보내온 1만 2,000건의 일기를 분석해 관리자가 매일 업무 진전을 촉진하고 동기를 강화할 수 있는 방법을 알아내고자 했다. 연구 결과, 매일 경험하는 작은 성공이 직원들에게 가장 큰 동기부여가 되었다.

애머빌과 크레이머가 수집한 일기 중 수천 건에서 나타난 공통적인 성공 요인은 진전이었다. 흥미로운 점은 참여자 중 관리자들은 성공에서 진전을 가장 덜 중요한 요소로 꼽았다는 사실이다. 내가 관리자들에게 자신의 업무에서 가장 중요하게 생각하는 요소를 물었을 때도 대부분 다른 것들을 먼저 꼽았다.

팀원들의 생산성과 만족도를 높이는 방법은 이렇게나 간단하다. 업무에 집중할 수 있도록 돕기만 하면 된다. 불필요한 방해 없이 일에만 집중할 수 있는 환경을 만들어주면 관리자 평가에서도 좋은 점수를 받을 것이다. 조직이 많은 돈을 들여 진행하는 직원 대상 프로그램은 일시적인 사기 진작에 그친다. 업무 흐름 곳곳에 병목현상이 존재하는 상태라면 이마저도 무의미하다.

일에만 집중할 수 있는 환경 만들기

관리자들의 최우선 과제는 직원들의 업무 진행을 촉진하는 것이다. 이를 달성하기 위해서는 최종 목표를 염두에 두고 작은 일들을 처리해나가야 한다.

- 골치 아픈 작은 문제들 정리하기
- 의사결정 속도 높이기
- 번거로운 절차 제거하기
- 중복 작업 방지하기
- 낭비되는 시간 줄이기
- 부서 간 장벽 허물기
- 소통 강화하기
- 회의 운영 방식 개선하기
- 팀 전체의 기능은 높이되 개별적인 소통은 유지하기
- 목적에 맞는 체계 갖추기

좋은 의도로 했던 관리업무로 인해 업무가 오히려 늦춰지는 경우도 많다. 관리자가 바쁨에 매몰되면 팀원들의 말을 경청하고 제대로 된 계획을 세울 여력이 없어진다. 문제가 심각해질 때까지 상황을 방치하면 직원들의 동기는 당연히 저하된다. 상황이 이 정도로 악화되면 문제를 해결하는 데 시간을 쓰지 못하고 사기를 끌어올리느라 시간을 낭비하게 된다.

매주 주간업무 보고를 받는가? 보고서에는 어떤 내용이 들어가는가? 보고서를 받으면 읽어보는가? 주간보고 작성에는 시간이 얼마나 걸리는가? 필요한 정보를 얻을 더 빠른 방법은 없는가? 직원들에게 보고서에서 개선할 점을 물어본 적이 있는가? 팀의 동기부여를 위해서는 다음 항목들이 갖춰져야 한다.

- 팀원들의 공감
- 각자 기여하는 부분을 명시한 직무 설명
- '내가 일을 잘하고 있는 건가?'라는 질문에 답이 될 수 있는 투명한 성과 평가
- 공정한 보수
- 충분한 자원
- 합리적인 마감 일정
- 새로운 시스템에 대한 교육 및 역량 개발 기회 제공
- 팀이 추구해야 할 가치에 대한 합의
- 효율적인 시스템과 절차(단순할수록 좋다)
- 심리적 안정감(관리자가 내 편이 되어줄 것이라는 믿음)
- 방해받지 않고 집중할 수 있는 공간

관리자는 이 요소들을 확보해준 뒤 구성원들이 최선을 다해 자기 일을 할 수 있도록 빠져주면 된다. 이렇게 하면 매일 업무를 마치고 적당한 시간에 퇴근했다가 다음 날 행복하고 상쾌한

마음으로 출근할 수 있다. 정말 간단하다.

이제 생산적인 팀을 구축하기 위한 다음 단계, 심리적 안정감 확보로 넘어가자.

20장
조직원이 신뢰하는 팀의 조건

▷ 팀원들은 관리자가 자신의 편이라는 신뢰가 있는가?

▷ 모든 팀원을 동등하게 대하는 관리자인가?

▷ 비꼬는 말을 해놓고 자신의 재치에 감탄하는 관리자인가?

▷ 관리자의 말과 행동이 일치하는가?

심리적 안정감이란 '내가 업무와 관련해서 의견을 내거나

질문하거나 우려를 제기하거나 실수를 저질러도 처벌받거나

창피당하지 않으리라는 믿음'이다.

—에이미 에드먼드슨Amy Edmondson, **하버드 경영대학원**

2015년 구글은 2년에 걸친 연구 끝에 팀을 성공으로 이끄는 요인에 대해 발표했다. 우수 인재 고용, 명확한 목표 설정, 의미 있는 업무 부여 등은 충분히 예측할 수 있는 요인이었다. 그런데 가장 중요하다고 꼽힌 요인은 의외로 '심리적 안정감'이었다. 팀원들의 생산성을 높이고 성과를 올리기 위해서는 팀 내에 심리적 안정감을 구축해야 한다.

심리적 안정감이라는 개념을 처음 만든 에이미 에드먼드슨은 실수를 더 자주 저지르는 팀이 성공할 확률이 높다는 사실을 발견했다. 직원들이 위험을 감수하고 때로는 실수해도 괜찮다

고 느끼는 환경을 조성하는 것이야말로 혁신을 촉진하고 궁극적
으로는 성과를 높이는 지름길이다. 관리자는 구성원들이 안전지
대를 벗어나 새로운 것을 시도하길 바란다. 그러기 위해서는 실
수를 저지르거나 예상되는 문제를 보고했을 때 처벌받지 않는다
는 믿음이 있어야 한다. 책임을 묻지 않는 데 그치는 것이 아니라
적극적으로 나서서 의견을 말하도록 장려하는 문화를 만드는 것
이 중요하다. 심리적 안정감을 주는 환경을 만들기 위해서는 다
음과 같은 노력이 필요하다.

● **소통 창구를 열어라.** 주기적으로 팀원들의 업무 진척도를
살피며 어려운 점이 없는지 확인한다(감시와는 다르다). 그렇게 함
으로써 문제가 있을 때 언제든 상의할 수 있는 분위기를 만드는
것이다. 시간이 날 때는 사무실을 돌며 일은 할 만한지, 잘되고 있
는지 질문을 던지는 것도 좋다. 직원들이 업무에 책임감을 가지
고 진행 상황을 공유할 수 있도록 장려한다. 업무 관련 대화를 나
눌 때는 본인이 할 말만 생각하지 말고 상대의 말에 집중해 귀 기
울이자. 몇 마디 보태고 싶을 때는 정말 필요한 지적인지 불필요
한 참견인지 생각해보자. 대개는 굳이 할 필요 없는 말이다. 대화
의 목적이 잘난 척이 아닌 신뢰 구축임을 명심하자.

● **절대로 상대를 조롱하거나 비웃지 말라.** 직원들이 의견을
제시하도록 진심으로 장려하고, 독특한 아이디어라도 비판하지

말라. '그래 뭐 그것도 아이디어라면 아이디어네'라는 식으로 비꼬면 킥킥대는 값싼 웃음만 얻을 뿐 창의성과 신뢰는 사라진다. 당신의 생각과 다른 의견일지라도 열린 마음으로 듣자.

● **회의 에티켓을 정하라.** 조직의 심리적 안정감은 회의 시간에 가장 잘 드러난다. 모두의 의견을 경청하고, 발언 중인 사람을 바라보고, 중간에 끼어들지 않고, 핸드폰을 보지 않는 등 서로를 존중하기 위한 선이 필요하다.

● **문제에는 정면으로 대처하라.** 부정적인 소식을 피해서는 안 된다. 문제가 발생했을 때는 정확한 정보를 최대한 수집해 원인을 분석하고 해결한 후 절차를 전체적으로 수정하라. 이런 모습에서 팀원들은 교훈을 얻는다. 도전을 극복하고 학습하는 경험은 직장생활에서 좋은 기억으로 남는다.

● **피드백 내용은 업무에 국한하라.** 특정 직원 편애, 험담, 노골적인 사내 정치는 금물이다. 업무 성과를 최고 수준으로 끌어올리는 방법을 고민하고 직원들의 기여 방식에 집중하라. 특히 피드백은 객관성을 유지하는 것이 중요하다. 구성원 개인의 성격이나 특성이 아닌 행동과 성과에 대한 내용이어야 한다.

● **실수를 인정하고 약점을 드러내라.** 이 항목에서는 솔선수범이 가장 중요하다. 관리자도 실수할 수 있다. 다음과 같은 질문을 던지는 것도 좋다. "제가 놓칠 수도 있으니 이 부분을 다시 확인해줄 수 있나요?" "프로젝트가 끝날 무렵에야 알 수 있는 것 중

에서 제가 지금 보지 못하고 있는 게 있나요?" "제가 지금 놓치고 있는 부분이 뭘까요?"

구성원의 심리적 안정감을 저하하는 전형적인 사례를 소개하겠다. 내가 채용 일을 처음 시작했을 때 다른 신입사원 두 명과 본사로 교육을 받으러 간 적이 있다. 교육을 받고 사무실로 돌아오니 관리자가 기다리고 있었다. 말 그대로 문 앞에서 기다리던 관리자는 다짜고짜 '왜 그렇게 모르는 티를 내고 다니느냐'며 우리를 야단치기 시작했다. 본사에서 전화로 우리의 업무 지식이 부족하다고 지적했던 모양인지 관리자는 '절대 다시는 그러지 말라'며 쏘아붙였다.

근무를 시작한 지 2주 만에 조직에 대한 신뢰는 사라졌다. 당시 그 회사는 국제 콘퍼런스 개최, 회사 차량 제공, 인센티브까지 직원 복지에 막대한 돈을 들이고 있었지만, 그 노력을 유연한 조직문화를 조성하는 데 들였다면 직원들은 훨씬 더 열심히 일했을 것이다.

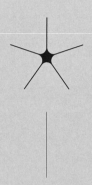

21장
일하는 분위기를 만들어야 한다

▷ 사무실이 너무 시끄러워 집중할 수 없는가?

▷ 사무실에서 방해 없이 일할 수 있는 시간은 얼마나 되는가?

▷ 지금이 업무 방식을 다시 설계할 기회라고 생각하는가?

수년간 기업의 리더들은 재미있고 친근한 개방형 사무실
이 직원 만족도와 생산성을 높인다고 확신해왔다. 내가 방문한
수많은 사무실도 개방형이었다. 칸막이 없이 뻥 뚫린 사무실에
는 스포츠 중계, 음악, 뉴스 등 다양한 배경음이 흘러나왔고, 직원
들은 끊임없이 서로를 방해하고 있었다. 사무실 곳곳에는 특이한
간식이 놓여 있었다. 모두 수다는 떨었지만 대화는 없었다. 맞은
편에 앉은 동료가 5분 전에 이메일을 보냈다며 확인해달라는 메
시지를 보내는 상황을 본 적이 있는가? 황당한 일이다.

모두가 일주일에 5일을 전부 사무실로 출근하던 시대는
이미 지났을 수 있다. 하지만 직원들이 집중할 수 있는 사무 공간
은 여전히 필요하다. 일부 조직은 조용한 작업 공간이나 1인용 업
무 부스를 설치했다. 하지만 이런 공간을 사용하면 괜히 유난을
떠는 것 같아서 민망하다며 사용하지 않는 직원들도 많다.

우리는 생각으로 먹고사는 지식노동자다. 전문성도 어느

정도 있다. 그런 노동자에게 생각할 수 있는 헤드 스페이스가 없는 것은 말이 안 된다. 서로를 볼 수 없는 높은 파티션이 둘러쳐진 사무실로 돌아가야 한다는 뜻이 아니다. 그러나 지금 우리가 일하는 방식이 제대로 작동하지 않고 있다는 사실을 인정해야 한다. 지금의 사무실은 조화롭지 않다. 소음, 열정, 추진력, 적극성만 있고 성장, 침착함, 회복을 위한 공간은 없다.

즐거움만 있고
몰입은 없는
공간

스무디, 탁구, 맥주, 음악, 사내 요가 강좌 등 개방형 사무실 문화가 주는 이점은 없으면 동기가 저하되지만 그 자체로 의욕이 진작되지는 않는 요인이다. 직장 내 공동체도 중요하지만, 공동체가 아무리 좋아도 훌륭한 관리자를 대체할 수는 없다. 일터에는 업무 흐름을 관리할 관리자가 있어야 한다. 직원들은 사무실에서 마주 앉아 일하면서도 각자 맡은 업무는 무엇인지, 얼마나 잘하고 있는지 모른다.

'열심히 놀기'는 달성했으니 이제 '열심히 일하기'에 집중할 때다. 내 말이 믿기지 않는다면 주변 직장인에게 매일 우선순위 업무를 달성하는 것이 얼마나 어려운지 한번 물어보라.

앞에서도 살펴본 바와 같이 생산성 향상을 위해서는 집중하고 몰입할 수 있는 업무 공간이 제공되어야 한다. 이러한 공간은 관리자와 팀원 모두에게 필요하다. 몰입을 유도하는 음악을 틀거나 정신상태를 바꾼다며 요란을 떨 필요가 없다. 몰입해 일할 수 있는 공간만 만들어주면 된다.

사회적 거리두기는 우리에게 업무 공간을 재설계할 기회를 주었다. 사무실에 다시 칸막이를 설치해야 한다는 뜻이 아니다. 집중해서 일을 더 잘할 수 있는 공간을 만들기 위해 기업의 리더들이 할 수 있는 일이 분명히 있다.

사무실에 커피머신을 설치하고 함께 온라인 게임을 한다고 직원들의 생산성과 업무 참여도가 올라가는 것은 아니다. 이러한 것들은 부가적인 요소일 뿐이다. 생산성을 높이는 데는 명확한 목표, 역량 개발, 적절한 시스템과 절차가 필요하다. 그리고 구성원이 방해받지 않고 업무 목표를 이룰 수 있도록 길을 닦아줘야 한다.

이러한 공간을 만들고 업무의 명확성을 확보하는 것은 관리자의 몫이다. 조직의 구성원들은 최선을 다해 일하고, 좋은 성과를 내고 싶어 한다. 관리자는 이를 방해하는 요소를 모두 제거해야 한다. 굳은 의지와 각오가 필요할 수도 있다. 그러나 변화가 자리 잡고 나면 구성원들은 관리자에게 감사하게 될 것이다. 당

신이 관리자라면 그 사실을 기억하고 제 역할을 하라. 우선은 업
무 중에 핸드폰을 사용하지 않는 것부터 제안해보자. 필요하다면
나와 이 책을 핑계 삼아도 좋다.

　테리사 애머빌의 연구를 기억하는가? 팀원들은 목표 달성
을 향한 점진적인 진전을 위해 출근한다. 그것만 명심하면 된다.
이것을 실현할 수 있는 환경만 제공하면 열의가 넘치고 행복하며
건강하고 생산성 있는 직원을 얻을 수 있다. 이들이 출근해서 열
심히 일하고 퇴근하게 하라. 그러면 직원들은 활력을 되찾고 취
미생활을 즐기며 퇴근 후의 삶을 살 수 있다. 이에 더불어 창의력
과 성과도 향상될 것이다. 그 과정에서 경제학자들이 당부하는
대로 나가서 돈도 쓰면서 경제도 활성화하고 말이다.

사내 행사와
워크숍의 효용을
점검하라

　재택근무가 보편화되고 있으니 앞으로 근무 형태는 업무
특성에 따라 재구성되고, 출근의 주된 목적은 구성원 간의 소통
이 될 것이다. 그러므로 동료들이 소통하고 서로 지지할 수 있는
시스템을 만들어야 한다. 특별할 것은 없다. 함께 식사하고, 절차

개선 방법을 논의하고, 프로젝트의 사전 사후 분석을 진행하고,
시간을 할애해 계획하고, 서로 지지와 조언을 주고받을 수 있으
면 충분하다. 조직원들의 효과적인 업무 수행과 삶의 영위를 방
해하는 모든 요소를 제거하는 것도 중요하다. 여기에는 제대로
준비되지 않은 콘퍼런스와 전략 워크숍도 포함된다.

　솔직히 말해보자. 지금껏 완전히 시간 낭비였다 싶었던 콘
퍼런스도 많지 않았는가? 참가자들과 명함을 몇 장 교환했겠지
만, 그 외에는 별로 남는 게 없었을 것이다. 직원들의 업무 시간
혹은 가족과 보내는 소중한 여가 시간을 떼내서 워크숍을 진행할
계획이라면 매 순간 그에 상응하는 가치를 제공해야 한다. 워크
숍에는 남는 것이 있어야 한다.

　책임은 강연자뿐 아니라 콘퍼런스 주최 측에도 있다. 콘퍼
런스는 구성원에게 실질적이고 지속적인 영향을 남겨야 한다. 실
제로 내가 강연을 다녀보면 두루뭉술하게 '영감을 불어넣어달라'
는 회사도 있고 '식사 후 식곤증을 쫓아줄 내용으로 부탁한다'는
회사도 있다. 물론 이런 내용도 가능하다. 그러나 큰 금액을 들여
그런 강연을 하는 것이 현명한 일일까? 그런 행사를 하려고 구성
원들의 업무 시간을 뺏는 것은 타당한가?

　행사를 기획할 때는 명확한 목표를 정해야 한다. 나는 강
연 요청이 들어오면 고객이 강연 이후에 어떤 변화를 기대하는
지, 내 강연이 행사의 주제에 어떻게 부합하는지 먼저 확인한다.

병목현상 개선, 소통 개선, 혁신 증대, 행사에서 CEO가 발표한 새로운 전략 목표의 실행 방안 등 주제는 다양하다. 중요한 것은 행사 전에 구성원 모두에게 그 주제를 명확히 전달하는 것이다.

작업은 행사 종료 이후에도 지속되어야 한다. 워크숍에서 말한 변화를 유지할 수 있도록 계획을 세우고 추진해야 한다. 이런 노력을 기울이지 않으면 행사에서 구성원들이 만들어냈던 모든 유익이 일상 업무로 돌아가는 순간 빠르게 사라져버린다.

워크숍을 제대로 기획할 여력이 없다면 정기적으로 소규모 팀 간담회를 여는 것도 좋다. 외부 연사를 반드시 초청하지 않아도 괜찮다. 한 번에 한 가지 주제를 정하고, 이와 관련해 모두의 의견을 듣고 현장에서 해결책을 모색한다면 매우 효과적인 모임이 될 수 있다. 불필요한 콘퍼런스 개최에 쓸 예산으로 뛰어난 비서를 고용해 행정 업무를 맡기면 헤드 스페이스와 리더십을 위해 쓰는 시간을 더 많이 확보할 수 있다.

마지막으로 팀 단합 활동은 신중하게 고를 것을 당부한다. 하루 시간을 내 팀원들과 밖에 나가서 볼링을 쳐봤자 볼링 실력만 늘 뿐 문제가 해결되지는 않으니 말이다.

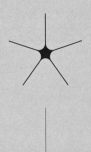

22장
번아웃 신호를 감지하라

▷ 일과가 끝나면 '탈탈 털린' 느낌이 드는가?

▷ 점점 냉소적이고 비판적으로 변해가는 느낌인가?

▷ 연차 휴가를 모두 사용하는가?

▷ 휴가 중 이메일을 얼마나 자주 확인하는가?

▷ 정리 해고나 정직 대상으로 선정되지 않아서 실망한 적이 있는가?

　　자기 자신이나 동료들의 번아웃 초기 징후를 주의 깊게 살펴야 한다. 번아웃은 극단적으로 바쁜 상태를 겪은 뒤에 찾아오는 현상이다. 가짜 바쁨에서 벗어난 후에도 중압감이 커지는 상황이 되면 언제든 다시 우리를 괴롭힐 수 있다.

번아웃이란
무엇인가?

　　번아웃은 활력이 소진된 상태를 의미한다. 번아웃에 빠지면 우리는 극심한 정신적·육체적 피로감 속에 모든 것을 버겁게 느끼고 탈진 상태에 빠진다. 매일 소화해내는 업무량이 감당할 수 없는 수준으로 많은 사람들이 있다. 이들은 오직 휴가만 바라보며 한 해를 버틴다. 이렇게 살아도 괜찮을까?

전혀 괜찮지 않다. 스트레스는 목숨을 앗아간다. 몰입 근무를 할 때나 할 일 목록에서 완료한 항목을 지울 때 분비되는 엔도르핀과 도파민은 유익하다. 그러나 지속적인 스트레스는 우리의 수명을 단축시킨다. 〈심리와 노화 저널Journal of Psychology and Aging〉에 발표된 연구에 따르면 중강도 또는 고강도 스트레스 상황에 수년간 노출된 남성의 사망률이 그렇지 않은 남성에 비해 50% 높았다. 이 연구는 1985년부터 2003년까지 1,000명의 중산층 및 노동계급 남성을 추적관찰해 이루어졌으며, 연구 시작 당시 모든 참가자의 건강 상태는 양호했다.

연구진에 따르면 고강도 스트레스군의 사망률을 낮춘 요인이 몇 가지 있었다. 자신의 건강 상태가 양호하다고 진술한 참가자 중 결혼한 남성들은 그렇지 않은 참가자들에 비해 사망률이 낮았다(아내들의 상태에 대한 별도의 확인은 없었다). 또한 적당한 음주를 즐기는 사람이 아예 마시지 않는 사람에 비해 오래 사는 경향이 있었다.

이는 스트레스와 사망률 상승 간의 직접적인 관계를 최초로 밝힌 연구다. 1년에 경험하는 극심한 스트레스 사건이 평균 두 건 이하인 참가자는 저강도 스트레스 그룹, 세 건인 참가자는 중강도 스트레스 그룹, 최대 여섯 건인 참가자는 고강도 스트레스 그룹으로 분류했다. 이 연구에서 가장 놀라운 점은 중강도 그룹과 고강도 그룹의 사망 위험률이 비슷하게 나타났다는 점이다.

이는 1년에 스트레스 사건을 세 건 이상 겪으면 문제가 될 수 있음을 보여준다.

우리는 나이가 들면서 건강 문제, 자녀 문제, 경제적 문제, 부모의 노화 등 다양한 스트레스를 필연적으로 겪는다. 다른 사람보다 불안감이 높고 스트레스 반응에 취약한 사람들도 있다. 정신없이 바쁜 상태에서 벗어나면 예측 가능한 스트레스를 피하거나 그러한 사건이 발생했을 때 더 잘 대처할 수 있게 된다.

스트레스 유발 요인 줄이기

1년에 업무 관련 스트레스가 집중적으로 발생하는 기간이 어느 정도 되는가? 예측할 수 없는 업무 외에 미리 대응해 스트레스를 줄일 수 있는 업무가 있다면 적어보자.

_____

_____

_____

_____

_____

_____

_____

혹시 스스로 세운 기준이 높아 스트레스를 더하지는 않는가? 이에
대한 본인의 생각을 적어보자.

앞에 적은 업무와 관련된 스트레스를 줄이기 위해서는 무엇을 할 수
있을까? 계획 개선, 업무 흐름 관리, 이해관계자와 사전 소통, 협업
강화, 업무 분담 등이 도움이 될 수 있을까?

우울증일까 번아웃 증후군일까?

업무에 지쳐서 번아웃이 온 것인지 우울증에 걸린 것인지
는 어떻게 구분할 수 있을까? 우울증에 걸리면 어디에 가더라도
우울한 기분이 따라다닌다. 그러나 번아웃의 경우에는 우울감이
일에만 국한된다. 사무실 자리나 상사를 벗어나 산이나 바다, 그
밖에 머리를 식힐 수 있는 곳으로 가면 기분이 좋아지고 에너지
가 회복된다.

당연한 말이지만 번아웃 상태에서 잠시 쉬고 직장으로 돌
아와 다시 번아웃에 걸리는 패턴을 반복하면 안 된다(이런 사람이
꽤 많다). 이런 행동은 커리어와 건강, 그리고 가족에게까지 나쁜
영향을 준다.

번아웃 감지하기

다가올 위험을 먼저 알려주는 탄광 속 카나리아처럼 번아
웃을 감지하게 해주는 대표적인 징후 두 가지를 알아보자.

● 번아웃 징후 1: 생산성 저하

번아웃이 찾아오면 높은 성과를 자랑하던 직원이 성과를
내지 못 한다. 이런 일은 팀 구성원과 관리자 모두에게 찾아올 수
있다. 근무시간은 길어지지만 성과는 오히려 떨어지는 것이다.
이런 징후가 포착되면 당사자에게 이야기해야 한다. 변화를 감지

했다면 혹시 특별한 이유가 있는지 대화해보자. 익숙한 업무가 지루해서 더 큰 업무를 맡고 싶어하는 상황일 수도 있고, 지나친 업무량이나 자신의 완벽주의에 압도당한 것일 수도 있다. 두 가지 모두 번아웃의 예측변수에 해당한다. 자신의 역할과 스스로에게 가하는 압박을 관리할 수 있도록 도와야 한다.

● 번아웃 징후 2: 냉소적인 태도

냉소주의에 빠지면 업무에 점점 심드렁해진다. 사무실에서 딴짓을 하거나 핸드폰, 인터넷을 들여다보고, 자신이 담당한 업무의 영향에 대해 비관적인 모습을 보이기도 한다. 긍정적이었던 사람이 고객, 다른 팀원, 다른 부서, 경영진에 대해 비꼬는 말을 던지기도 한다.

- 이게 다 무슨 소용이야? 어차피 바뀌지도 않잖아.
- 수업이야 어려울 게 있나? 부모랑 애들이 짜증나게 굴어서 그렇지.
- 또 저 사람이야? 이번엔 또 왜 저래?

이런 말을 농담처럼 던진다고 생각할 수 있지만 사실은 그렇지 않다. 부정적인 기운과 불만은 다른 팀원들의 의욕마저 떨어뜨린다. 게다가 더 좋은 서비스, 성공, 에너지를 추구하는 협동적인 문화를 만드는 데도 전혀 도움이 되지 않는다. 번아웃을 방지하고 회복탄력성을 되찾으려면 어떻게 해야 할까?

번아웃으로부터
자신을 돌보는
방법

선을 명확히 하라

이미 여러 번 언급했듯이 우리는 매일 점진적으로 목표에 다가갈 때 가장 큰 행복과 열의를 느낀다. 그것만으로 충분하다. 관리자는 팀의 구성원들이 의미 있는 업무를 완수할 수 있도록 도와야 한다. 각자 역할과 목표, 성과 지표, 마감 기한을 명확히 정하고 팀원들이 필요로 하는 교육과 자원을 제공하라. 직원들의 앞길을 정리해 업무 진행을 도운 뒤에는 방해가 되지 않도록 옆으로 비켜나면 된다.

괜찮은 척한다고 괜찮아지지 않는다

앞에서 나는 기분에 휘둘리지 않고 일하는 것이 가능하고, 가끔은 억지웃음도 동기부여에 도움이 된다고 주장했다. 그러나 긍정적인 감정을 지속적으로 연출하는 행위는 우리에게 해롭다.

지칠 대로 지친 카페 직원이 고객에게 억지미소를 지으며 감정을 계속 숨기면 번아웃의 위험이 커지고 퇴사할 확률이 높아진다. 나는 인사 전문가들에게서 이런 현상을 자주 목격했다. 국제개발사업 등 비영리적이고 사명 중심적인 환경에서 일하는 사

람들도 자주 겪는 현상이다. 이들은 다른 사람을 돌보고 타인의
문제를 해결하는 데 바빠서 정작 자신의 감정과 욕구를 돌보지
못한다. 이런 현상을 막으려면 자신을 보호하기 위한 경계를 만
들어야 한다. 자신을 돌보는 것이 가장 중요하다.

사회적 관계가
번아웃을
예방한다

평소에는 긍정적이던 사람들도 코로나19 팬데믹 기간 동
안 감정 기복을 경험했다. 자신이 통제할 수 있는 것과 아닌 것을
잘 구분하면 감정 기복을 조금이나마 줄일 수 있다. 모니터 앞에
앉아만 있지 말라. 잠시 움직이는 것만으로도 에너지를 회복할
수 있다. 심지어 늘 앉는 의자 대신 다른 의자에 앉거나 통화할 때
잠시 자리에서 일어나는 것으로도 변화는 생긴다.

2020년 8월, 나는 코로나19 봉쇄로 재택근무를 하며 난생
처음 번아웃의 위협을 느꼈다. 아주 심각하지는 않았지만 번아웃
을 경고하는 카나리아의 울음소리를 들으니 정신이 번쩍 났다.
돌이켜보면 당시 나는 평소보다 더 미친 듯이 바빴다(아이러니한
상황이다).

명색이 이 주제를 수년간 연구해온 전문가라는 사람이 사회적 연결을 비롯한 안전망의 중요성을 간과한 것이 화근이었다. 나는 외향적인 사람이라서 다른 사람과 함께 있을 때 에너지를 얻는다. 내향적인 사람들은 혼자 조용한 시간을 보내며 에너지를 충전한다.

그러나 외향적·내향적 성향을 떠나 사회적 관계는 삶의 원동력이다. 기쁨과 활력의 비결은 단순하다. 하버드대학교 로버트 월딩거Robert Waldinger 교수가 진행한 성인 발달 연구의 결과 또한 이를 뒷받침한다. 이 연구는 80여 년간 쌓은 데이터를 분석해 진행되었는데, 삶에서 돈, 명성, 재산, 직업보다 친밀한 인간관계가 인간을 더 행복하게 한다는 것이 밝혀졌다. 친밀한 관계는 삶의 불행으로부터 우리를 보호할 뿐 아니라 정신적·육체적 쇠퇴도 늦춘다. 좋은 인간관계는 사회적 계급, 지능지수, 심지어 유전자보다도 더 큰 행복과 장수의 요인이다. 이러한 결과는 하버드대학교 졸업생에게서도, 여느 시내 거주자에게서도 동일하게 나타났다.

통근에 드는 시간이 없다는 것은 재택근무의 장점이다. 그러나 타인과 단절된 상태로 근무하는 것이 우리에게 악영향을 줄 수 있음은 앞의 연구에서도 알 수 있다. 많은 가족 구성원에 둘러싸여 있어도 단절감을 느낄 수 있다. 이러한 단절감을 줄이기 위해서는 사회적으로 평소보다 큰 노력을 기울여야 한다.

다시 내 이야기로 돌아가자. 코로나19가 시작되며 코칭의 수요가 많이 몰렸다. 모두가 재택근무로 받는 스트레스를 극복하고 업무를 지속할 방법을 찾고 있었다. 나는 내가 할 수 있는 일이 있음에 감사했다. 나 같은 직업을 가진 이들이 흔히 그러하듯, 위기 상황에서 많은 사람을 돕고 에너지를 나눠주고 싶었다(물론 내게 잠재되어 있던 공동의존성 또한 발휘됐다). 결국 나는 일을 무리하게 늘리고 말았다.

그러던 어느 날 갑자기 뇌가 멈춘 것 같은 느낌이 들었다. 눈앞의 문서를 읽을 수 없었다. 북아일랜드 평화 의정서같은 복잡한 문서도 아닌데 한 글자도 눈에 들어오지 않았다. 종이 위의 글자가 눈앞에서 둥둥 떠다녀서 집중할 수가 없었다. 통제 욕구가 강한 나 같은 사람에게는 정말 무서운 경험이었다. 혹시 이 나이에 벌써 치매에 걸린 것일까? 영구적인 증상일까? 이렇게 머릿속이 흐려지면 일은 어떻게 하고 돈은 어떻게 벌지? 이성을 잃은 내 머리는 점점 극단적인 상상으로 치달았다. 나는 극심한 스트레스로 건강이 나빠졌다.

결국 모든 일을 정리하고 며칠을 쉬었다. 그런 다음에는 잡혀 있는 일정을 재정비했다. 달력을 들여다보며 코칭과 강연 일정을 적절히 분산하고, 중간중간에 준비를 위한 시간도 평소보다 넉넉히 배치했다. 썩 내키지 않아 고민 중이었던 계약도 거절했다. 그 일을 거절하고 나니 정말 홀가분했다. 경제적 측면에서는 잘못된 결정이었지만, 그 덕에 나는 삶의 운전대를 다시 잡을 수 있었다. 나는 내게 중요한 것들을 떠올렸다. 준비도 제대로 못 해 형편없는 모습을 들킬까 조마조마한 마음으로 일하면서 최대한 많은 돈을 버는 것은 내 가치관에 부합하지 않았다.

나는 운이 좋았다. 다행히도 프리랜서로 일하는 데다가 상황이 악화되기 전에 빠르게 대처하는 법을 알고 있었다. 가족과 반려견, 친구들도 큰 도움이 됐다. 만약 사무실 출근을 강요하고 이윤 추구를 최우선 가치로 둔 조직에서 일했다면 자기 돌봄을 가장 중요하게 여기며 상황에 대처하기 어려웠을 것이다.

관리자는 롤모델이 되어야 한다

리더, 즉 관리자는 구성원들의 롤모델이다. 훌륭한 롤모델이 되기 위해서는 높은 성과를 내는 것뿐 아니라 성과를 내는 과정을 건강하게 유지하는 것도 중요하다. 관리자는 늘 자신을 잘 돌보고 다른 구성원이 과도하게 일하고 있을 때 이를 알아채야 한다. 끝도 없는 회의의 굴레에 갇혀 팀원들과 제대로 대화할 시간도 없이 한 마디씩 쏘아대고 있는가? 약속을 남발하지만 지키지도 못하고, 매일 말도 안 되게 긴 시간을 근무하고 있는가? 그렇다면 당신에게는 경청에 쓸 시간이 없다. 자신과 팀원들에게 일어나고 있는 일에 귀 기울일 시간이 없는 것이다.

전략적으로 생각하고 문제를 조기에 차단하기 위해서는 차분한 헤드 스페이스가 반드시 필요하다. 어느 날 갑자기 팀원이 제출한 병가 신청서나 사직서를 받고 놀라고 싶지 않다면 번 아웃의 징후를 계속해서 살펴야 한다.

스트레스 관리하기

구성원들이 스트레스를 받고 있다면 그 요인을 파악해 대처할 수 있도록 도와야 한다. 스트레스 관리 전문가 스티븐 팔머 Stephen Palmer에 따르면 스트레스는 '인지된 압박이 인지된 대처 능력을 초과할 때' 발생한다. '인지된'이라는 표현에 주목하라. 스트레스 유발 요인은 다양하고, 각각의 요인에 어느 정도로 대처할 수 있을지에 대한 우리의 인지도 각기 다르다. 나는 심각한 위기 상황에서는 침착하지만 아주 사소한 일에는 갑자기 폭발하는 경우가 있다. 예를 들어 누군가 냉장고에 있던 우유를 내게 묻지도 않고 다 마셔버리면 '나는 존중받지 못하는구나, 날 도와주는 사람이 아무도 없구나, 내가 얼마나 열심히 일하는데, 내가 통제력을 잃었구나' 같은 온갖 생각이 다 든다. 이런 반응이 비이성적이기 하지만 누가 뭐래도 내게는 스트레스 유발 요인이다.

우리는 잘못된 생각 때문에 스트레스를 만들어내기도 한다. 자신의 능력을 저평가하는 가면 증후군imposter syndrome은 충분히 해낼 수 있는 일도 부담스럽다고 느끼게 만든다. 업무 환경도 스트레스를 유발할 수 있다. 형편없는 관리자들이 말도 안 되는 요구를 하고 업무에 필요한 도구마저 제대로 제공하지 않는다면 당연히 스트레스에 시달릴 수밖에 없다.

스트레스를 관리하기 위해서는 유발 요인을 알아야 한다. 모든 문제를 그저 '스트레스'라고 뭉뚱그리면 진짜 문제가 무엇인지 파악할 수 없다. 임시방편으로 증상만 가릴 뿐이다. 번아웃에 시달리다 잠시 일터를 떠나 휴식을 취하면 증상이 나아질 수도 있다. 그러나 근본적인 문제를 해결하지 않으면 복귀했을 때 아무것도 해결되지 않은 채로 상황은 변하지 않는다. 이런 경우, 번아웃을 겪는 직원에게 잘못이 있는 것 같은 분위기가 조성된다. 회복력이 부족하다는 등 압박을 견디지 못한다는 등 암묵적인 낙인을 찍는 것이다.

증상이 아닌 질병을 치료하라

증상이 아닌 질병을 치료하기 위해서는 당사자와 대화를 통해 문제의 핵심을 짚을 수 있어야 한다. 스트레스 요인을 찾는 것이다.

대화를 통해 요인을 찾으면 스트레스 대처에 필요한 지원을 제공해야 한다. 그들이 필요로 하는 것은 무엇인가? 더 많은 시간인가? 추가적인 교육이나 업무 지도인가? 앞서 소개한 헤드스페이스 모델을 활용해 업무량과 근무시간을 분석하는 것도 도움이 될 수 있다. 주어진 시간에 비해 너무 많은 일을 해내려는 것이 원인일 수도 있기 때문이다.

관리자가 문제일 수도 있다

유감스럽게도 내가 만난 관리자 중에는 스스로 스트레스를 만드는 사람이 많았다. 행사에서 만난 어떤 참가자는 내게 자기 회사의 크리에이티브 디렉터가 '크리에이트create'하는 것은 이메일뿐이라고 농담했다. 웃어넘기기에는 심각한 문제다.

혹시라도 이 책을 뒤에서부터 읽고 있는 이들을 위해 관리자가 명심해야 할 기본 중의 기본을 다시 짚겠다.

- 업무 흐름을 관리할 때 세부 사항까지 챙길 수 있도록 제대로 된 교육을 받아라.
- 꼭 필요한 회의만 해라. 회의를 진행할 때는 안건을 지키고, 잡담은 제지하라.
- 팀원에게 업무를 분배하고 상사와의 관계를 관리하라. 불필요한 업무는 밀어내거나 거절하고 다시 협상하라. 기본적이고 핵심적인 리더십 기술이다.
- 업무 시간 외에는 이메일을 보내지 말라(임시보관함에 저

장했다가 나중에 보내거나 예약 전송 기능을 활용하라). 공들일 필요가 없는 일에 지나치게 시간과 에너지를 들이지 말라(멀쩡한 파워포인트 슬라이드를 괜히 이리저리 수정하지 말라는 뜻이다).

어떻게 하면 활기를 되찾을 수 있을까?

모니터 앞에 앉아서 항상 업무 모드로 살 수 있는 사람은 없다. 이는 지난 10만 년 동안 인간이 존재해온 방식에 어긋난다. 인간은 정적이지 않다. 우리는 움직이고, 서로 연결하며 생산하는 존재다.

불필요한 업무는 줄이되 생각할 시간은 늘림으로써 우리는 더 많은 가치를 만들어낼 수 있다. 사무실 책상 앞에서 좋은 아이디어가 나오는 일은 거의 없다. 요가 강사 타니아 브라운Tania Brown의 말마따나 '활기'를 되찾아야 한다. 직원들의 휴가 사용을 장려하라. 운동하고 숨을 쉬어라. 업무와 관련 없는 취미생활이나 도전은 좋은 자양분이 된다. 점심을 그냥 때우지 말고 시간을 내서 팀원이나 가족과 함께 즐겨라. 이메일을 사용하기보다 대화하라. 움직여라. 자신에게 잘 맞는 자기 돌봄 전략을 찾아 일정을 잡고 실천해라. 언제나 가장 중요한 것은 당신의 건강이라는 사실을 명심하라.

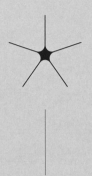

23장
나르시시스트는 일단 피하라

▷ 관리자가 당신의 시간을 과도하게 요구하는가?
아침 7시에 출근하는 차에서 전화하고, 밤늦게 업무 이메일을 보내고,
마감 일정을 주말로 잡는가? 당신의 일과 삶 전반을 침해하는가?

▷ 당신에게 주어지는 바쁜 일정이 회복탄력성 시험이라는 생각이 드는가?

▷ 업무에 우려 사항이 있어도 관리자의 눈치를 보느라 말하기 어려운가?

    가짜 바쁨에서 벗어나기 위한 대부분의 방법은 우리가 통제할 수 있는 범위 안에 있다. 우선순위 선정, 업무 체계화, 적극적인 자기주장, 자기규율 모두 스스로 할 수 있는 일이다. 23장에서는 악의적으로 발생하는, 조금 다른 양상의 바쁨에 대해 이야기하고자 한다.

    많은 이가 직장 내에서 불합리한 요구로 고통받으면서도 주변에 말하지 않는다. 상대가 아닌 자신이 문제라고 생각하기 때문이다. 23장의 내용을 잘 읽고 해당 사항이 있다면 반드시 조치를 취하라. 모든 학대가 그렇듯 상황에서 벗어나기는 어렵다. 그렇지만 반드시 해야만 하는 일이다.

바쁨을
강요받고 있는가?

혹시 미친 듯이 바쁜 일정을 강요받고 있는가? 관리자에게 문제를 제기했을 때 생산성을 높이기 위한 건설적인 대화로 이어졌는가? 아니면 비난과 비하에 직면했는가? 만약 후자라면 당신은 직장 내 괴롭힘의 피해자일 가능성이 높다. 23장은 그런 피해자를 위한 해결책을 제시한다.

다음은 흔히 발생하는 사례다. 당신은 뛰어난 카리스마와 눈부신 성과를 가진 리더에게 반해 그가 이끄는 기업에 입사한다. 입사 직후 조직은 당신에게 특별한 사람이 된 듯한 기분을 느끼게 해주었다. 당신의 적응을 위해 세심하게 신경 쓰고 야심찬 비전을 공유했다. 조직의 열렬한 환대가 놀랍고도 기뻤던 당신은 그 빛나는 아우라가 당신에게도 조금은 옮아오기를 바랐다. 처음에는 모든 것이 괜찮아 보였다. 어느 정도 적응하고 나니 뭔가 '싸한' 느낌이 들지만 정확한 이유는 잘 모르겠다. 점점 신경이 쓰여 견딜 수 없지만 어디 가서 말해봤자 예민한 사람 취급만 받을 것 같다. 비슷한 상황이라면 아래 사항을 체크해보자.

- 관리자들의 기분과 반응을 예측할 수 없다. 업무와 관련해 안 좋은 소식이 있어도 화를 낼까 두려워 말을 꺼낼 수 없다.

- 당신의 업무 처리가 부족하다며 항상 불만족스러워한다. 무엇을 어떻게 바꿀지 구체적인 피드백을 주는 것도 아니어서 개선 방법을 알 수가 없다.
- 늘 당신의 아이디어가 형편없다고 한다. 어쩌다 반응이 괜찮다 싶은 아이디어는 어김없이 관리자가 가로챈다. 문제를 제기하면 예민하다거나 팀워크가 부족하다며 비난한다.
- 팀에 새로 들어온 직원에게 온 관심이 집중된다. 그와 동시에 당신의 역량을 깎아내리기 시작한다. 가끔은 다른 직원들 앞에서 공개적으로 망신을 준다.
- 당신의 시간을 지나치게 뺏는다. 온갖 회의에 참석하게 하고, 당신이 24시간 내내 업무 모드이기를 바란다.
- 실수를 남의 탓으로 돌린다. 타인에 대한 평가가 늘 극단적이다. 타인은 완전무결한 존재거나 쓸모없고 사악한 적, 둘 중 하나다. 우리 편이 아니면 모두 적으로 간주한다. 조직을 떠나는 사람은 바로 배척당한다. 옛 동료들과 연락을 주고받으면 죄책감이 든다.
- 상황과 대화를 실제와 다르게 기억한다. 이런 일이 반복되니 당신은 '내가 이상한 건가?'라고 생각하게 된다.
- 프로젝트에서 당신을 배제하고 중요한 회의나 이메일에서 제외하는 등 냉담하게 대하기 시작한다.

- 문제를 제기하면 당신의 행동을 신랄하게 비난한다. 심지어는 당신이 그들을 괴롭힌다고 주장한다. 전형적인 가스라이팅이다.

- 당신을 그렇게 괴롭히는 관리자를 모두가 찬양해 마지 않는다. 당신은 혹시 '내가 조금씩 미쳐가고 있는 건가?' 하고 두려워한다.

- 몸이 아파 평소에 낸 적 없는 병가를 낸다. 근육통, 편두통, 소화불량 등이 가장 흔하지만, 스트레스는 다양한 방식으로 발현된다.

- 그러면서도 인정받고 싶다는 생각에 조직을 쉽게 떠나지 못한다. 계속 노력하다보면 언젠가 인정받을 수 있을 것이라고 착각한다.

- 시간이 지날수록 자존감이 떨어지며 수치심이 증가한다. 적극적이고 야심만만하며 긍정적이었던 예전의 모습을 떠올리며 어쩌다 이렇게 변했는지 한탄한다.

당신 탓이
아니다

어디서 들어본 이야기 같은가? 당신의 잘못이 아니다. 당

신은 자기애적 인격장애narcissistic personality disorder를 지닌 나르
시시스트 상사 밑에서 일하고 있을 가능성이 크다. 자기애적 인
격장애는 남성에게 더 흔히 나타난다.

　　이런 상황은 우리가 생각하는 것보다 흔하게 발생한다. 그
러나 고통을 겪는 당사자들은 수치심 때문에 잘 밝히지 않는다.
코칭을 하며 나는 많은 이에게 나르시시스트 상사 밑에서 살아
남는 법을 조언해왔다. 안타까운 점은 상사에게서 벗어난 후에도
피해자의 자신감과 커리어에 지속적인 악영향을 준다는 사실이
다. 이를 막기 위해서는 실제 일어난 일을 분석하고 자신을 보호
하기 위한 경계선을 다시 세워야 한다.

　　자기애적 인격장애를 가진 사람은 일반 인구의 1% 미만
이다. 고기능성 나르시시스트는 유능하고 야심만만한 경우가 많
아 조직의 고위 경영진이나 사업가 중에서 흔히 볼 수 있다. 공식
적으로 진단받는 일은 드물지만 자기 인식과 공감 능력이 부족한
것이 특징이다.

　　물론 건강한 자기애적 성향을 지닌 사람도 많다. 이런 사
람은 스스로를 더 강하게 몰아붙여 직장생활에서 살아남는다. 그
러나 진짜 나르시시스트 상사 밑에서 일하게 되면 극도의 감정적
학대에 놓인다. 경험해본 적이 있다면 내 말이 뜻하는 바를 정확
히 이해할 것이다. 이러한 상황에서 우리가 할 수 있는 일은 다음
과 같다.

● **내 잘못이라는 생각을 버려라.** 이런 종류의 관계를 경험한 사람들은 종종 모든 것을 자신의 탓으로 돌린다. 이는 마음속에 도사리고 있던 수치심과 가면 증후군을 표면으로 떠오르게 한다. 그러나 자기애적 관리자로 인해 괴로움을 겪는 것은 당신이 처음도 마지막도 아닐 것이다. 자세히 살펴보면 나르시시스트들은 친밀한 관계를 맺지 못한다. 자기애적 관리자 주변에는 아첨을 통해 원하는 바를 이루려는 사람들만 남는다. 정말 강한 사람들은 얼마 지나지 않아 나르시시스트의 곁을 떠난다.

● **가면을 유지하라.** 나르시시스트의 진짜 얼굴을 파악했다는 사실을 절대 알려서는 안 된다. 나르시시스트는 변하지 않으므로 우리의 대처 방식을 바꿔야 한다. 나르시시스트의 마음속에는 자신이 추구하는 이상적인 자아가 존재한다. 그들은 그 이상적인 모습에 이르지 못했다는 수치심에 의해 움직인다. 그런 그들의 거품을 터뜨리는 것은 최악의 선택이다. 나르시시스트들은 자신에 대한 도전에 공격적으로 반응하며 복수심을 품는다. 굳이 거품을 터뜨려 위험에 처하느니 나르시시스트가 바라보는 거짓 자아를 내버려두자. 견딜 수 있을 만큼만 그들의 자존심을 세워주며 나르시시스트가 가진 자기 이미지를 유지하게 하는 것이다. 이는 우리 자신을 보호하기 위한 수단이다.

직접 맞서기 힘든 상황에서 최선은 그들이 이직이나 승진을 통해 다른 곳으로 옮기도록 돕는 것이다. 한번 시도해보면 의

외로 같은 바람을 가진 사람이 많아서 놀랄지도 모른다. 돌이켜
보면 유능한 나르시시스트가 다른 곳으로 자리를 옮기며 다른 이
들의 문제가 되는 일은 생각보다 흔히 발생한다.

● **자신의 행동에 책임져라.** 공동의존성을 지닌 이들은 타인
의 통제와 조종을 허락한다. 이들은 나르시시스트를 끌어들이는
자석 같은 존재다. 나르시시스트는 자존심을 세워줄 사람이 없
으면 살 수 없고, 공동의존자는 나르시시스트의 욕구를 채워주기
위해 자신의 욕구를 포기한다. 둘은 완벽한 한 쌍이다. 자신의 욕
구보다 타인의 욕구를 우선시하는 행위, 타인을 만족시키기 위해
그들의 문제를 해결하려고 애쓰는 행위는 모두 공동의존적인 행
동이다. 이러한 행동을 반복하면 당신은 나르시시스트의 먹잇감
이 된다. 지금껏 살아오며 과거에도 이러한 패턴이 반복되었을
가능성이 큰 만큼, 공동의존적 행동을 주의하는 것이 좋다.

● **벗어나라.** 앞서 말한 전략을 모두 활용해도 나르시시스
트 상사와 함께 일하는 한 고립감과 스트레스, 불안감은 계속된
다. 이는 자아와 커리어, 다른 사람들과의 관계에도 악영향을 미
친다. 적당한 시점이 되었을 때 나르시시스트 상사와 계속 함께
일할 수 있을지 진지하게 생각해보라. 특히 상사의 자기애적 행
동이 점점 강해지고 있다면 더욱 고민해야 한다. 상사가 조직에
서 인기가 높거나 입지가 탄탄하여 거스르기 어렵다면 당신이 문
제를 제기해도 받아들여지지 않을 확률이 높다. 조직에서는 나름

의 해결책으로 당신의 스트레스를 탓하며 병가를 권할 수 있다. 적절한 해결책이 아니지만 자주 있는 일이다. 그러나 명심하자. 당신은 아픈 것이 아니라 정서적 학대를 받고 있는 것이다. 병가가 증상을 완화할 수는 있지만 병 자체를 치유해주지는 않는다.

나르시시스트에게는
맞서지 말라

자기애적 관리자에게 정면으로 맞서는 것은 금물이다. 일반적인 괴롭힘 대처법은 나르시시스트에게 통하지 않는다. 학대가 강화될 뿐이다. 앞에서도 언급했듯 나르시시스트에게는 공감 능력이 부족하다. 자신의 행동이 당신에게 초래하는 감정에는 관심이 없는 것이다. 그들의 관심사는 당신이 자신을 얼마나 돋보이게 하느냐뿐이다. 나르시시스트는 남의 불행에 관심이 없으며, 오히려 타인의 불행을 즐기는 경우도 있다.

당신의 커리어와 정신을 온전히 지키는 유일한 방법은 그들에게서 벗어나는 것이다. 온갖 사람들을 배려하느라 애쓰지 말고 스스로를 돌보자. 훨씬 더 행복해질 것이다.

조직 차원의
나르시시스트
활용법

자기애적 관리자가 있다면, 그들의 행동이 심화될 수 있다는 점을 알아야 한다. 묵인할 수 없는 시점이 반드시 온다. 주변 사람들은 대부분 보복이 두려워 솔직한 피드백을 내놓지 못할 것이다. 그러나 자세히 살펴보면 해당 관리자의 부하직원들의 근속률이나 퇴사율 등 힌트가 될 만한 사항이 있다. 조직에서 그러한 징후를 포착했으면 이들이 조직문화와 평판에 더 큰 해악을 끼치기 전에 조치를 취해야 한다.

사업 개발 능력 등 유능한 부분 때문에 그 관리자를 해고할 수 없다면 관리직에서 다시 개별 기여자로 발령하는 것도 방법이다. 관리직이 아닌 곳에서라면 다른 구성원에게 상처를 주지 않으면서 능력자로 칭송받으며 일할 수 있을지도 모른다.

5부
바쁨에서 벗어난 후

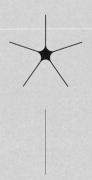

24장
내일 다시 시작하라

▷ 바쁨을 벗어나서 생긴 시간에 무엇을 할 것인가?

▷ 당신은 스스로를 어떤 사람으로 정의할 것인가?

▷ 나를 중심에 두고 우선순위를 다시 세운다면 어떤 내용이 들어가는가?

사람들은 비 오는 일요일 오후에 뭘 해야 할지 몰라
쩔쩔매면서 영생을 바란다.

—수전 에르츠Susan Ertz

당신은 지금껏 훈장으로 착각했던 가짜 바쁨을 내려놓았
다. 유익하지 않은 사고방식과 행동을 버리기로 했다. 삶의 주도
권을 잡고 언제 무엇을 할지 스스로 결정할 수 있게 된 것이다. 이
것이 내가 생각하는 성공적인 삶이다. 쳇바퀴에서 벗어난 햄스터
는 무엇을 해야 할지 모른다. 바쁨을 벗어난 당신도 마찬가지다.
이제 무엇을 할지 생각할 때다.

자신의
진짜 모습을
마주하라

가짜 바쁨에 시달리던 사람들은 대부분 예민한 고성과자들이다. 이들은 다른 사람이 자신을 어떻게 생각할지 늘 걱정하며, 스스로 부족하다는 생각에 노심초사한다. 또한, 강한 통제욕을 가지고 있다. 안정감을 느끼기 위해 주변의 상황과 사람들을 전부 통제하에 두고 싶어 한다. 그 덕에 성공을 거두기도 하지만 그에 대한 대가로 정신건강과 자신의 욕구를 희생한다. 이들은 자신보다 타인을 우위에 두고 상대에게 주도권을 넘겨준다.

바쁨에서 벗어나고 조직에서 발생하는 업무의 방해 요소들을 제거해나갈수록 우리는 그동안 낭비되었던 시간을 되찾아 자신을 보호하기 위한 경계선을 세울 수 있게 된다. 하루를 능동적인 선택들로 채우기 시작한다. 자신의 문제에 우선순위를 두며, 자신이 원하는 것을 정확히 알고 그것을 요구한다. 모두를 만족시키려 전전긍긍하던 모습도 점차 줄어든다. 애초에 불가능한 목표였다는 것을 깨닫기 때문이다.

시간에 대한 통제권을 회복하면 놀랍도록 큰 해방감을 느낄 수 있다. 자신의 의지대로 시간을 활용함으로써 가치관에 부합하는 삶을 살 수 있고, 더 큰 성공을 거둘 수 있다.

변화하는 과정에서 불안감이 고개를 들 수도 있다. 바쁨에 중독되어 살아온 사람들에게 종일 쳐내야 하는 사소하고도 바쁜 일들은 좋은 구실이었다. 그들은 바쁨을 핑계로 인생의 공백이나 중요한 도전을 외면할 수 있었다. 바쁨의 희생자가 되는 대신 두려운 일을 피할 수 있었던 것이다. '할 일이 너무 많아서 이번 콘퍼런스 발표는 못 할 것 같아요'라는 식으로 말이다. 분주함은 우리가 진정 누구인지, 무엇을 필요로 하는지 외면하고 싶을 때 핑계가 되어준다.

어린 자녀와 친밀한 관계를 쌓지 못해 고민하는 직장인이 있었다. 한동안 애쓰는 듯하더니 언제부턴가 일이 바빠서 어쩔 수 없다며 아이들이 잠들기 전에 퇴근하는 것을 아예 포기해버렸다. 진정한 관계를 쌓아나가는 노력이 버거워 주말 일정을 일과 운동으로 정신없이 채우는 사람도 많다. 사람들과 어울리지 못하고 소외될까 두려워 일 핑계를 대고 모임에서 빠져나온 경험이 있을 것이다. 나도 그런 적이 있다. 바쁘다는 핑계로 진짜 감정과 욕구를 계속 외면하면 우리는 마땅히 누려야 할 성공과 사랑을 얻을 수 없다.

TED 명강의로도 유명한《마음 가면》의 저자 브레네 브라운Brené Brown은 많은 이에게 바쁨은 친숙한 '무감각화 전략'이라고 설명했다. 브라운은 우리가 자신의 필요와 욕구를 알아가고 취약성을 기꺼이 드러내야 한다고 강조한다.

가짜 바쁨에서 빠져나오면 우리는 자신의 진짜 모습을 마
주해야 한다. 다른 사람과 비교하는 것을 멈추자. 이제 당신에게
성공과 행복을 안겨줄 일과 활동을 위한 시간을 만들 때다. 당신
에게 진짜 필요한 것은 무엇인가?

행복과
성공을 위한
실천

당신에게 무작정 모든 일을 줄이라는 것이 아니다. 내 바
람은 당신이 진정 필요한 일을 더 많이 하는 것이다. 로라 밴더캠
Laura Vanderkam이 《시간 창조자: 똑같이 주어진 시간, 그러나 다르
게 사는 사람들》에서 강조했듯 우리에겐 일주일에 168시간이 주
어진다. 생각보다 많지 않은가?

이제 그 시간에 무엇을 할 것인가? 직장에서 보내는 시간
은 앞으로도 비슷할 것이다. 그러나 그 시간을 보내는 방식은 개
선할 수 있다. 나는 당신이 불필요한 일을 줄이고 당신의 행복과
성공, 만족을 위한 일을 더 많이 하길 바란다.

바쁨이라는 짐을 내려놓은 후에
실천할 일들

- 끝없는 멀티태스킹의 압박에 스트레스를 받지 않도록 일을 마친 후에는 컴퓨터와 알림을 꺼라. 휴식을 취한 후 즐거운 마음으로 다시 켜라.

- 자신의 업무에 충실하라. 내가 해야 일이 제대로 된다는 생각을 버리고, 다른 사람의 업무를 일일이 지시하거나 대신하지 말라. 모든 일이 완벽할 필요는 없다.

- 직원의 역량을 개발하는 데 시간을 투자하라. 상대가 말할 때는 집중해 경청함으로써 그들이 가치 있고 특별한 존재라고 느끼게 하라. 상대의 기분이 좋아질 것이다.

- 헤드 스페이스 확보 방법을 늘 고민하라. 혁신과 창의성을 발휘하고, 복잡한 문제에 대한 해결책을 찾고, 중요한 순간에 최선의 노력을 들이기 위해서는 헤드 스페이스가 필요하다.

시간을 보내는 방식을 돌아보지 않으면 건강하지도 생산적이지도 유익하지도 않은 습관에 갇혀 몽유병 환자처럼 헤맬 수밖에 없다. 시간을 들여 직장 동료들과 친구, 가족의 말을 경청하라. 그러면 숙고해야 할 문제가 생기거나 해결책을 찾고 싶을 때 그들은 당신을 떠올릴 것이다. 그렇게만 된다면 당신은 조직에서 특별한 존재가 될 것이다.

당신이 시간을 들여 자신의 커리어를 돌아보고, 바쁨이 아닌 일에서 의미를 찾아 그 일과 다시 사랑에 빠지기를 바란다.

시간은 돈보다 소중하다. 시간의 경제적 가치에 대해서는 앞에서도 언급했다. 여러 업무를 오가며 일할 때 발생하는 문제, 조직 차원의 업무 방해로 낭비되는 시간, 인재를 고용해놓고 앞길을 닦아주지 않아 발생하는 비효율은 모두 큰 비용이다. 또한, 시간은 대체 불가능한 자원이다. 시간의 개인적 가치는 헤아릴 수 없이 귀하다. 별로 중요하지 않은 일, 무의미한 이메일, 다른 사람이 급하다고 가져온 이기적인 업무 요청에 쓰기에는 우리의 시간이 너무나 소중하다.

바쁘게 일하며 살 수 있는 삶은 어찌 보면 특권이다. 그러나 우리의 통제를 벗어난 경쟁적인 바쁨은 멈출 때가 됐다. 우리에게 필요한 것은 멋지고 행복한, 뚜렷한 목적의식이 있는, 집중력과 연결성을 중시하는 새로운 바쁨과 효율이다.

인공지능과 빅데이터 등의 신기술이 도입되며 이제 조직은 테일러의 초시계보다 훨씬 좋은 방법으로 생산성을 다양하게 추적할 수 있다. '결과물'이 향상된 사례는 곳곳에서 들려온다. 그렇다면 '투입 요소'는 어떤가? 우리는 자신에게 필요한 것을 제대로 투입하고 있는가? 집과 일터의 경계가 모호해지며 많은 사람이 폭발적인 바쁨을 경험했다. 바쁨은 일시적으로 외부의 위협을 잊게 해주지만, 두려움을 잊기 위해 바쁜 상태를 지속하는 것은 결코 건강한 생존 전략이 아니다.

모든 것은 내일 다시 시작하라. 부디 당신이 이 책을 통해

지속가능한 변화를 시작하길 바란다. 그리고 그 변화가 당신의
삶, 함께 일하는 동료, 사랑하는 가족과 친구들에게 긍정적인 영
향을 주기를 바란다.

이제 당신의 이야기를 쓸 때다. 진정한 당신을 만들어나갈
때가 온 것이다. 당신만의 게임체인저를 찾아라. 자신을 드러내
고 위험을 감수하기 위해서는 용기가 필요하다. 이제 용기를 내
서 첫발을 내딛고 실행에 옮기자.

이제 누군가 당신에게 어떻게 지내는지 물으면 바쁘다는
말 대신 뭐라고 답할 것인가? 기회가 된다면 부디 내게 답을 보내
주기 바란다. 내가 운영 중인 홈페이지에 등록해 매달 발행되는
글을 읽으면 가짜 바쁨의 굴레에 다시 빠져들지 않을 것이다. 제
대로 된 내용이라고 약속한다.

참고문헌

- 아리스토텔레스, A. M. William Eliis 옮김, 《정치학》, CreateSpace Independent Publishing Platform(2015).

들어가는 글: 당신은 바쁨 중독에 빠져 있다

- Brian Wansink, *Mindless Eating: Why We Eat More Than We Think*, Bantam Books(2006).
- Julianne Holt-Lunstad, Timothy B Smith, David Stephenson, "Loneliness and social isolation as risk factors for mortality: a meta-analytic review", *Perspect Psychol Sci(March, 2015)*.
- Michael C. Mankins, Eric Garton, *Time, Talent, Energy: Overcome Organizational Drag and Unleash Your Team's Productive Power*, Harvard Business Review Press(2015).
- Will Dahlgreen, "37% of British workers think their jobs are meaningless", *YouGov(2015)*. 다음 사이트에서 볼 수 있다. yougov.co.uk/topics/lifestyle/articles- reports/2015/08/12/british-jobs-meaningless

1장 당신이 바쁜 진짜 이유

- 마셜 골드스미스, 이내화, 류혜원 옮김, 《일 잘하는 당신이 성공을 못하는 20가지 비밀》, 리더스북(2008).
- Ken Richardson, Sarah H. Norgate, "Does IQ really predict job performance?", *Applied Developmental Science(2018)*, pp.153~169.
- Carter Cast, *The Right and Wrong Stuff: How Brilliant Careers are Made and Unmade*, Public Affairs(2018).
- Melody Beattie, *Codependent No More: How to Stop Controlling Others and Start Caring for Yourself*, Hazelden Publishing(1986).

2장 실제 일하는 시간은 일주일에 3시간뿐이다

- Carter Cast, 앞의 책.

4장 시간을 배분하는 가장 중요한 기준

- 애니 딜라드, 이미선 옮김, 《작가살이》, 공존(2018).
- 캐롤 드웩, 김준수 옮김, 《마인드셋》, 스몰빅라이프(2017).
- 존 휘트모어, 김영순 옮김, 성과 향상을 위한 코칭 리더십, 김영사(2007).
- Colin Camerer, "Labor Supply of New York City Cabdrivers: One Day at a Time", *Quarterly Journal of Economics(1997)*, pp. 407~441.
- 올리버 버크먼, 정지인 옮김, 《합리적 행복》, 생각연구소(2013).

5장 게임체인저 업무를 구분하라

- Gia Campari, *The 99 Essential Business Questions To Take You Beyond the Obvious Management Actions*, Filament Publishing Ltd(2016).
- 팀 페리스, 최원형, 윤동준 옮김, 《나는 4시간만 일한다》, 다른상상(2017).

6장 맡은 일을 반드시 끝내는 4단계 실행법

- Bluma Zeigarnik, "On Finished and Unfinished Tasks"를 Willis D Ellis,

A Sourcebook of Gestalt Psychology, Kegan Paul, Trench, Trubner & Co(1999) pp. 300~314에서 재인용.

• Derek Draper, *Create Space: How to Manage Time and Find Focus, Productivity and Success*, Profile Books(2018).

7장 우리는 멀티태스킹의 피해자들이다

• Ofcom의 2018년 조사자료 "Communications Market Report"는 www.ofcom.org.uk/_data/assets/pdf_file/0022/117256/CMR-2018-narrative- report.pdf에서 볼 수 있다.

• Eyal Ophir, Clifford Nass, Anthony D. Wagner, "Cognitive control in media multitaskers", *Proceedings of the National Academy of Sciences of the United States of America(September, 2009)*.

• George A. Miller, "The magical number seven, plus or minus two: Some limits on our capacity for processing information", *Psychological Review(1956)*, pp. 81~97.

• David E Meyer, Jeffrey E. Evans, Erick Lauber, Joshua Rubinstein, Leon Gmeindl, Lawrence Junck, R.A. Koeppe, "Activation of brain mechanisms for executive mental processes in cognitive task switching", *Journal of Cognitive Neuroscience(1997)*.

8장 몰입 근무 시간대 설정하기

• Susie Cranston, Scott Keller, "Increasing the Meaning Quotient at Work", *McKinsey Quarterly((January 2013)*. 다음 링크에서 기사를 확인할 수 있다. www.mckinsey.com/business-functions/organization/our-insights/increasing- the-meaning-quotient-of-work.

• Steven Kotler, Jamie Wheal, *Stealing Fire*, HarperCollins Publishers(2017).

• 미하이 칙센트미하이, 최인수 옮김, 《몰입 flow》, 한울림(2004).

• 로먼 크르즈나릭, 정지현 옮김, 《인생학교 일》, 쌤앤파커스(2013)

- Jules Evans, *The Art of Losing Control: A Philosopher's Search for Ecstatic Experience*, Canongate Books Ltd(2017).

9장 쓸데없는 회의를 피하는 법
- Ofcom의 2018년 조사결과 "Communications Market Report"는 다음 링크에서 확인할 수 있다. https://www.ofcom.org.uk/_data/assets/ pdf_file/0022/117256/ CMR-2018-narrative-report.pdf.

10장 이메일에 바로 회신하지 않아도 된다
- Micheal Chu, "The Social Economy: Unlocking Value and Productivity Through Social Technologies", *McKinsey Global Institute(July 2012)*.
- Meng Zhu, Yang Yang, "The Mere Urgency Effect", *Oxford University Press(2018)*.

11장 업무 방해자들을 물리치는 법
- 도로시 파커의 문장을 다음 책에서 재인용했다. Alexander Woollcott, *While Rome Burns*, Simon and Schuster Ltd(1989).
- 피터 브레그먼, 김세영 옮김, 《18분》, 쌤앤파커스(2011).
- 파스칼 데니스, 김진호, 남수현 옮김, 《린하고 유연한 조직 만들기》, 삼일아카데미(2010).
- Gloria Mark, Victor M. Gonzalez, Justin Harris, "No task left behind? Examining the nature of fragmented work", *Proceedings of the CHI Conference on Human Factors in Computing Systems*, ACM Press(2005), pp. 113~120.
- Gloria Mark, Gudith, Daniela Gudith, Ulrich Klocke, "The cost of interrupted work: more speed and stress", *Proceedings of the CHI Conference on Human Factors in Computing Systems*, ACM Press(2008), pp. 107~110.

12장 당신은 매일 1시간씩 잃어버리고 있다

- 제임스 윌리엄스, 전병근 해제, 박세연 옮김, 《나의 빛을 가리지 말라》, 머스트리드북(2022).
- Porter, H. "Why cool cats rule the internet", The Telegraph online(2016). 포터의 글은 다음 링크에서 확인할 수 있다. https://www.telegraph.co.uk/pets/essentials/why-cool-cats-rule-the-internet/
- Rina Raphael, "Netflix CEO Reed Hastings: Sleep is our competition", Fast Company(2017), 기사는 다음 링크에서 확인할 수 있다. https://www.fastcompany. com/40491939/netflix-ceo-reed-hastings-sleep-is-our-competition?
- James B. Stewart, "Facebook has 50 minutes of your time each day: It wants more", *The New York Times(5 May, 2016)*.
- 2015년 6월 15일에 발행된 디스카운트Dscout의 조사 결과 "Mobile touches, dscout's inaugural study on humans and their tech"는 다음 링크에서 확인할 수 있다. https://blog.dscout.com/mobile-touches
- Adrian F. Ward, Kristen Duke, Ayelet Gneezy, Maarten W. Bos, "Brain drain: The mere presence of one's own smartphone reduces available cognitive capacity", *Journal of the Association for Consumer Research(2017)*, pp. 140~154.

13장 단순하지만 강력한 업무 스케줄 관리법

- 피터 브레그먼, 앞의 책.
- Nelson P. Repenning, Don Kieffer, James Repenning, "A new approach to designing work", *MIT Sloan Management Review(2018)*. 다음 링크에서 확인할 수 있다. sloanreview.mit.edu/article/a-new-approach-to-designing-work/

290

14장 잘하는 것보다 끝내는 것이 중요하다

- 시나 아이엔가, 오혜경 옮김, 《나는 후회하는 삶을 그만두기로 했다》, 21세기북스(2018).

15장 '일하고 싶은 기분'이란 없다

- Frederick Winslow Taylor, *The Principles of Scientific Management*, Dover Publications Inc(1998 edition).
- Gallup, Inc. "State of the Global Workplace Report", *Gallup Press(2017)*.
- Edwin A. Locke, Gary P. Latham, Ken J. Smith, Robert E. Wood, Albert Bandura, *A Theory of Goal-Setting and Task Performance*, Prentice Hall(1990).
- Martin Reeves, Roselinde Torres, Fabien Hassan, "How to regain the lost art of reflection", *Harvard Business Review(25 September, 2017)*.

16장 정리 못하는 것은 습관 때문이 아니다

- ACAS의 조사는 2020년 12에 발행된 "Neurodiversity in the workplace"에 근거한 것이다. 다음 링크에서 확인할 수 있다. archive.acas.org.uk/neurodiversity

17장 불안 때문에 일하지 말라

- 닐 도쉬, 린지 맥그리거, 유준희, 신솔잎 옮김, 《무엇이 성과를 이끄는가》, 생각지도(2021).
- Nicholas Bloom, James Liang, John Roberts, Zhichun Jenny Ying, "Does Working from Home Work? Evidence from a Chinese Experiment", *National Bureau of Economic Research(2013)*.

19장 효율적인 업무 환경 만드는 법

- 테레사 에머빌, 스티븐 크레이머, 윤제원 옮김, 오지연 감수, 《전진의 법칙》, 정혜(2013).

20장 조직원이 신뢰하는 팀의 조건

- 에이미 에드먼드슨, 최윤영 옮김, 오승민 감수, 《두려움 없는 조직》, 다산북스(2019).
- Charles Duhigg, "What Google Learned From Its Quest to Build the Perfect Team", *The New York Times(2016)*.

22장 번아웃 신호를 감지하라

- Lee, Hyunyup Aldwin, Carolyn M. Choun, Soyoung Spiro III, Avron, "Impact of combat exposure on mental health trajectories in later life: Longitudinal findings from the VA Normative Aging Study", *Journal of Psychological Ageing(2019)*, pp. 467~474.
- 앨리 러셀 혹실드, 이가람 옮김, 《감정 노동》, 이매진(2009).
- Robert Waldinger, "Over nearly 80 years, Harvard Study has been showing how to live a healthy and happy life", *Harvard Gazette(4 November, 2017)*.
- Stephen Palmer, Cary Cooper, Kate Thomas, *Creating a Balance: Managing Stress*, British Library(2003).
- 요가 강사 타니아 브라운의 홈페이지는 www.taniabrownyoga.co.uk다.

24장 내일 다시 시작하라

- Susan Ertz, *Anger in the Sky*, Hodder & Stoughton(1943).
- 브레네 브라운, 안진이 옮김, 《마음 가면》, 웅진지식하우스(2023).
- 로라 밴더캠, 송연석 옮김, 《시간 창조자》, 책읽는수요일(2011).

나는 왜 항상 바쁠까?

일과 삶의 주도권을 되찾는 똑똑한 시간관리 기술

초판 1쇄 발행 2024년 4월 5일
초판 2쇄 발행 2024년 7월 5일

지은이 제나 에버렛
옮긴이 정영은

펴낸이 안병현 김상훈
본부장 이승은   **총괄** 박동옥   **편집장** 임세미
편집 김혜영   **디자인** 용석재
마케팅 신대섭 배태욱 김수연 김하은   **제작** 조화연

펴낸곳 주식회사 교보문고
등록 제406-2008-000090호(2008년 12월 5일)
주소 경기도 파주시 문발로 249
전화 대표전화 1544-1900   **주문** 02)3156-3665   **팩스** 0502)987-5725

ISBN 979-11-7061-106-6 03190
책값은 표지에 있습니다.